대한민국 법령 시리즈 202

저작권법

법령
시행령
시행규칙

해광출판사

머리말

이 책은 방대한 법전을 보지 않고 간편하게 해당되는 법령만 참고해서 볼 수 있도록 하였습니다. 공공기관이나 관련 종사자들이 쉽고 간편하게 해당 법령을 참조 할 수 있도록 하였습니다.

특히 해당법률은 물론 관련 시행령, 시행규칙을 함께 실어 관련법을 서로 참고할 수 있게 하였습니다.

법률이라는 것이 크든 작든 항상 변하는 관계로, 출간 이후의 정확하고 최신의 법률은 법제처 국가법령정보센터에서 확인이 가능하니 법률의 실제 적용 시 확인이 필요한 점 유의하기를 바랍니다.

편집부

* 수록 법률은 법제처 국가법령정보센터에서 확인 가능합니다.
* 발행일 기준 시행 법률이므로 최신 법령은 위 센터에서 볼 수 있습니다.
* 본 책자에 수록된 법률의 문구에 대하여 법적인 효력은 없으며,
  실제 적용 법률은 위 센터에서 최신의 법률로 확인하시기 바랍니다.
* 해당 법령과 함께 시행령, 시행규칙도 수록되어 있습니다.
* 발행일 기준으로 개정 예정 법률은 밑줄로 별도 표시되어 있으며,
  보다 정확한 것은 법제처에서 확인하기 바랍니다.

목차

저작권법

[시행 2024. 8. 28.] [법률 제20358호, 2024. 2. 27., 일부개정]

**개정 예정 법률 밑줄 별도 표시.

저작권법

[시행 2024. 8. 28.] [법률 제20358호, 2024. 2. 27., 일부개정]

제1장 총칙

제1조(목적) 이 법은 저작자의 권리와 이에 인접하는 권리를 보호하고 저작물의 공정한 이용을 도모함으로써 문화 및 관련 산업의 향상발전에 이바지함을 목적으로 한다. 〈개정 2009. 4. 22.〉

제2조(정의) 이 법에서 사용하는 용어의 뜻은 다음과 같다. 〈개정 2009. 4. 22., 2011. 6. 30., 2011. 12. 2., 2016. 3. 22., 2021. 5. 18., 2023. 8. 8.〉

1. "저작물"은 인간의 사상 또는 감정을 표현한 창작물을 말한다.
2. "저작자"는 저작물을 창작한 자를 말한다.
3. "공연"은 저작물 또는 실연(實演)·음반·방송을 상연·연주·가창·구연·낭독·상영·재생 그 밖의 방법으로 공중에게 공개하는 것을 말하며, 동일인의 점유에 속하는 연결된 장소 안에서 이루어지는 송신(전송은 제외한다)을 포함한다.
4. "실연자"는 저작물을 연기·무용·연주·가창·구연·낭독 그 밖의 예능적 방법으로 표현하거나 저작물이 아닌 것을 이와 유사한 방법으로 표현하는 실연을 하는 자를 말하며, 실연을 지휘, 연출 또는 감독하는 자를 포함한다.
5. "음반"은 음(음성·음향을 말한다. 이하 같다)이 유형물에 고정된 것(음을 디지털화한 것을 포함한다)을 말한다. 다만, 음이 영상과 함께 고정된 것은 제외한다.
6. "음반제작자"는 음반을 최초로 제작하는 데 있어 전체적으로

기획하고 책임을 지는 자를 말한다.

7. "공중송신"은 저작물, 실연·음반·방송 또는 데이터베이스(이하 "저작물등"이라 한다)를 공중이 수신하거나 접근하게 할 목적으로 무선 또는 유선통신의 방법에 의하여 송신하거나 이용에 제공하는 것을 말한다.

8. "방송"은 공중송신 중 공중이 동시에 수신하게 할 목적으로 음·영상 또는 음과 영상 등을 송신하는 것을 말한다.

8의2. "암호화된 방송 신호"란 방송사업자나 방송사업자의 동의를 받은 자가 정당한 권한 없이 방송(유선 및 위성 통신의 방법에 의한 방송으로 한정한다)을 수신하는 것을 방지하거나 억제하기 위하여 전자적으로 암호화한 방송 신호를 말한다.

9. "방송사업자"는 방송을 업으로 하는 자를 말한다.

10. "전송(傳送)"은 공중송신 중 공중의 구성원이 개별적으로 선택한 시간과 장소에서 접근할 수 있도록 저작물등을 이용에 제공하는 것을 말하며, 그에 따라 이루어지는 송신을 포함한다.

11. "디지털음성송신"은 공중송신 중 공중으로 하여금 동시에 수신하게 할 목적으로 공중의 구성원의 요청에 의하여 개시되는 디지털 방식의 음의 송신을 말하며, 전송은 제외한다.

12. "디지털음성송신사업자"는 디지털음성송신을 업으로 하는 자를 말한다.

13. "영상저작물"은 연속적인 영상(음의 수반여부는 가리지 아니한다)이 수록된 창작물로서 그 영상을 기계 또는 전자장치에 의하여 재생하여 볼 수 있거나 보고 들을 수 있는 것을 말한다.

14. "영상제작자"는 영상저작물의 제작에 있어 그 전체를 기획하고 책임을 지는 자를 말한다.

15. "응용미술저작물"은 물품에 동일한 형상으로 복제될 수 있는 미술저작물로서 그 이용된 물품과 구분되어 독자성을 인정할 수 있는 것을 말하며, 디자인 등을 포함한다.

16. "컴퓨터프로그램저작물"은 특정한 결과를 얻기 위하여 컴퓨터 등 정보처리능력을 가진 장치(이하 "컴퓨터"라 한다) 내에서 직접

또는 간접으로 사용되는 일련의 지시·명령으로 표현된 창작물을 말한다.

17. "편집물"은 저작물이나 부호·문자·음·영상 그 밖의 형태의 자료(이하 "소재"라 한다)의 집합물을 말하며, 데이터베이스를 포함한다.

18. "편집저작물"은 편집물로서 그 소재의 선택·배열 또는 구성에 창작성이 있는 것을 말한다.

19. "데이터베이스"는 소재를 체계적으로 배열 또는 구성한 편집물로서 개별적으로 그 소재에 접근하거나 그 소재를 검색할 수 있도록 한 것을 말한다.

20. "데이터베이스제작자"는 데이터베이스의 제작 또는 그 소재의 갱신·검증 또는 보충(이하 "갱신등"이라 한다)에 인적 또는 물적으로 상당한 투자를 한 자를 말한다.

21. "공동저작물"은 2명 이상이 공동으로 창작한 저작물로서 각자의 이바지한 부분을 분리하여 이용할 수 없는 것을 말한다.

22. "복제"는 인쇄·사진촬영·복사·녹음·녹화 그 밖의 방법으로 일시적 또는 영구적으로 유형물에 고정하거나 다시 제작하는 것을 말하며, 건축물의 경우에는 그 건축을 위한 모형 또는 설계도서에 따라 이를 시공하는 것을 포함한다.

23. "배포"는 저작물등의 원본 또는 그 복제물을 공중에게 대가를 받거나 받지 아니하고 양도 또는 대여하는 것을 말한다.

24. "발행"은 저작물 또는 음반을 공중의 수요를 충족시키기 위하여 복제·배포하는 것을 말한다.

25. "공표"는 저작물을 공연, 공중송신 또는 전시 그 밖의 방법으로 공중에게 공개하는 경우와 저작물을 발행하는 경우를 말한다.

26. "저작권신탁관리업"은 저작재산권자, 배타적발행권자, 출판권자, 저작인접권자 또는 데이터베이스제작자의 권리를 가진 자를 위하여 그 권리를 신탁받아 이를 지속적으로 관리하는 업을 말하며, 저작물등의 이용과 관련하여 포괄적으로 대리하는 경우를 포함한다.

27. "저작권대리중개업"은 저작재산권자, 배타적발행권자,

출판권자, 저작인접권자 또는 데이터베이스제작자의 권리를 가진 자를 위하여 그 권리의 이용에 관한 대리 또는 중개행위를 하는 업을 말한다.

28. "기술적 보호조치"란 다음 각 목의 어느 하나에 해당하는 조치를 말한다.

가. 저작권, 그 밖에 이 법에 따라 보호되는 권리의 행사와 관련하여 이 법에 따라 보호되는 저작물등에 대한 접근을 효과적으로 방지하거나 억제하기 위하여 그 권리자나 권리자의 동의를 받은 자가 적용하는 기술적 조치

나. 저작권, 그 밖에 이 법에 따라 보호되는 권리에 대한 침해행위를 효과적으로 방지하거나 억제하기 위하여 그 권리자나 권리자의 동의를 받은 자가 적용하는 기술적 조치

29. "권리관리정보"는 다음 각 목의 어느 하나에 해당하는 정보나 그 정보를 나타내는 숫자 또는 부호로서 각 정보가 저작권, 그 밖에 이 법에 따라 보호되는 권리에 의하여 보호되는 저작물등의 원본이나 그 복제물에 붙여지거나 그 공연·실행 또는 공중송신에 수반되는 것을 말한다.

가. 저작물등을 식별하기 위한 정보

나. 저작권, 그 밖에 이 법에 따라 보호되는 권리를 가진 자를 식별하기 위한 정보

다. 저작물등의 이용 방법 및 조건에 관한 정보

30. "온라인서비스제공자"란 다음 각 목의 어느 하나에 해당하는 자를 말한다.

가. 이용자가 선택한 저작물등을 그 내용의 수정 없이 이용자가 지정한 지점 사이에서 정보통신망(「정보통신망 이용촉진 및 정보보호 등에 관한 법률」 제2조제1항제1호의 정보통신망을 말한다. 이하 같다)을 통하여 전달하기 위하여 송신하거나 경로를 지정하거나 연결을 제공하는 자

나. 이용자들이 정보통신망에 접속하거나 정보통신망을 통하여 저작물등을 복제·전송할 수 있도록 서비스를 제공하거나 그를 위한

설비를 제공 또는 운영하는 자

31. "업무상저작물"은 법인·단체 그 밖의 사용자(이하 "법인등"이라 한다)의 기획하에 법인등의 업무에 종사하는 자가 업무상 작성하는 저작물을 말한다.

32. "공중"은 불특정 다수인(특정 다수인을 포함한다)을 말한다.

33. "인증"은 저작물등의 이용허락 등을 위하여 정당한 권리자임을 증명하는 것을 말한다.

34. "프로그램코드역분석"은 독립적으로 창작된 컴퓨터프로그램저작물과 다른 컴퓨터프로그램과의 호환에 필요한 정보를 얻기 위하여 컴퓨터프로그램저작물코드를 복제 또는 변환하는 것을 말한다.

35. "라벨"이란 그 복제물이 정당한 권한에 따라 제작된 것임을 나타내기 위하여 저작물등의 유형적 복제물·포장 또는 문서에 부착·동봉 또는 첨부되거나 그러한 목적으로 고안된 표지를 말한다.

36. "영화상영관등"이란 영화상영관, 시사회장, 그 밖에 공중에게 영상저작물을 상영하는 장소로서 상영자에 의하여 입장이 통제되는 장소를 말한다.

제2조의2(저작권 보호에 관한 시책 수립 등) ① 문화체육관광부장관은 이 법의 목적을 달성하기 위하여 다음 각 호의 시책을 수립·시행할 수 있다.

1. 저작권의 보호 및 저작물의 공정한 이용 환경 조성을 위한 기본 정책에 관한 사항

2. 저작권 인식 확산을 위한 교육 및 홍보에 관한 사항

3. 저작물등의 권리관리정보 및 기술적보호조치의 정책에 관한 사항

② 제1항에 따른 시책의 수립·시행에 필요한 사항은 대통령령으로 정한다.

[본조신설 2009. 4. 22.]

제3조(외국인의 저작물) ①외국인의 저작물은 대한민국이 가입 또는 체결한 조약에 따라 보호된다.

②대한민국 내에 상시 거주하는 외국인(무국적자 및 대한민국 내에 주된 사무소가 있는 외국법인을 포함한다)의 저작물과 맨 처음

대한민국 내에서 공표된 외국인의 저작물(외국에서 공표된 날부터 30일 이내에 대한민국 내에서 공표된 저작물을 포함한다)은 이 법에 따라 보호된다. 〈개정 2023. 8. 8.〉

③제1항 및 제2항에 따라 보호되는 외국인(대한민국 내에 상시 거주하는 외국인 및 무국적자는 제외한다. 이하 이 조에서 같다)의 저작물이라도 그 외국에서 대한민국 국민의 저작물을 보호하지 아니하는 경우에는 그에 상응하게 조약 및 이 법에 따른 보호를 제한할 수 있다. 〈개정 2011. 6. 30.〉

④ 제1항 및 제2항에 따라 보호되는 외국인의 저작물이라도 그 외국에서 보호기간이 만료된 경우에는 이 법에 따른 보호기간을 인정하지 아니한다. 〈신설 2011. 6. 30.〉

제2장 저작권

제1절 저작물

제4조(저작물의 예시 등) ①이 법에서 말하는 저작물을 예시하면 다음과 같다.

1. 소설 · 시 · 논문 · 강연 · 연설 · 각본 그 밖의 어문저작물
2. 음악저작물
3. 연극 및 무용 · 무언극 그 밖의 연극저작물
4. 회화 · 서예 · 조각 · 판화 · 공예 · 응용미술저작물 그 밖의 미술저작물
5. 건축물 · 건축을 위한 모형 및 설계도서 그 밖의 건축저작물
6. 사진저작물(이와 유사한 방법으로 제작된 것을 포함한다)
7. 영상저작물
8. 지도 · 도표 · 설계도 · 약도 · 모형 그 밖의 도형저작물
9. 컴퓨터프로그램저작물

② 삭제 〈2009. 4. 22.〉

제5조(2차적저작물) ①원저작물을 번역 · 편곡 · 변형 · 각색 · 영상제작 그 밖의 방법으로 작성한 창작물(이하 "2차적저작물"이라 한다)은 독자적인 저작물로서 보호된다.

②2차적저작물의 보호는 그 원저작물의 저작자의 권리에 영향을 미치지 아니한다.

제6조(편집저작물) ①편집저작물은 독자적인 저작물로서 보호된다.

②편집저작물의 보호는 그 편집저작물의 구성부분이 되는 소재의 저작권 그 밖에 이 법에 따라 보호되는 권리에 영향을 미치지 아니한다.

제7조(보호받지 못하는 저작물) 다음 각 호의 어느 하나에 해당하는 것은 이 법에 의한 보호를 받지 못한다. 〈개정 2023. 8. 8.〉

1. 헌법ㆍ법률ㆍ조약ㆍ명령ㆍ조례 및 규칙

2. 국가 또는 지방자치단체의 고시ㆍ공고ㆍ훈령 그 밖에 이와 유사한 것

3. 법원의 판결ㆍ결정ㆍ명령 및 심판이나 행정심판절차 그 밖에 이와 유사한 절차에 의한 의결ㆍ결정 등

4. 국가 또는 지방자치단체가 작성한 것으로서 제1호부터 제3호까지에 규정된 것의 편집물 또는 번역물

5. 사실의 전달에 불과한 시사보도

제2절 저작자

제8조(저작자 등의 추정) ①다음 각 호의 어느 하나에 해당하는 자는 저작자로서 그 저작물에 대한 저작권을 가지는 것으로 추정한다. 〈개정 2011. 6. 30.〉

1. 저작물의 원본이나 그 복제물에 저작자로서의 실명 또는 이명(예명ㆍ아호ㆍ약칭 등을 말한다. 이하 같다)으로서 널리 알려진 것이 일반적인 방법으로 표시된 자

2. 저작물을 공연 또는 공중송신하는 경우에 저작자로서의 실명 또는 저작자의 널리 알려진 이명으로서 표시된 자

②제1항 각 호의 어느 하나에 해당하는 저작자의 표시가 없는 저작물의 경우에는 발행자ㆍ공연자 또는 공표자로 표시된 자가 저작권을 가지는 것으로 추정한다. 〈개정 2009. 4. 22.〉

제9조(업무상저작물의 저작자) 법인등의 명의로 공표되는 업무상저작

물의 저작자는 계약 또는 근무규칙 등에 다른 정함이 없는 때에는 그 법인등이 된다. 다만, 컴퓨터프로그램저작물(이하 "프로그램"이라 한다)의 경우 공표될 것을 요하지 아니한다. 〈개정 2009. 4. 22.〉

제10조(저작권) ①저작자는 제11조부터 제13조까지에 따른 권리(이하 "저작인격권"이라 한다)와 제16조부터 제22조까지에 따른 권리(이하 "저작재산권"이라 한다)를 가진다. 〈개정 2023. 8. 8.〉

②저작권은 저작물을 창작한 때부터 발생하며 어떠한 절차나 형식의 이행을 필요로 하지 아니한다.

제3절 저작인격권

제11조(공표권) ①저작자는 그의 저작물을 공표하거나 공표하지 아니할 것을 결정할 권리를 가진다.

②저작자가 공표되지 아니한 저작물의 저작재산권을 제45조에 따른 양도, 제46조에 따른 이용허락, 제57조에 따른 배타적발행권의 설정 또는 제63조에 따른 출판권의 설정을 한 경우에는 그 상대방에게 저작물의 공표를 동의한 것으로 추정한다. 〈개정 2009. 4. 22., 2011. 12. 2.〉

③저작자가 공표되지 아니한 미술저작물·건축저작물 또는 사진저작물(이하 "미술저작물등"이라 한다)의 원본을 양도한 경우에는 그 상대방에게 저작물의 원본의 전시방식에 의한 공표를 동의한 것으로 추정한다.

④원저작자의 동의를 얻어 작성된 2차적저작물 또는 편집저작물이 공표된 경우에는 그 원저작물도 공표된 것으로 본다.

⑤ 공표하지 아니한 저작물을 저작자가 제31조의 도서관등에 기증한 경우 별도의 의사를 표시하지 아니하면 기증한 때에 공표에 동의한 것으로 추정한다. 〈신설 2011. 12. 2., 2023. 8. 8.〉

제12조(성명표시권) ①저작자는 저작물의 원본이나 그 복제물에 또는 저작물의 공표 매체에 그의 실명 또는 이명을 표시할 권리를 가진다.

②저작물을 이용하는 자는 그 저작자의 특별한 의사표시가 없는

때에는 저작자가 그의 실명 또는 이명을 표시한 바에 따라 이를 표시하여야 한다. 다만, 저작물의 성질이나 그 이용의 목적 및 형태 등에 비추어 부득이하다고 인정되는 경우에는 그러하지 아니하다.

제13조(동일성유지권) ①저작자는 그의 저작물의 내용·형식 및 제호의 동일성을 유지할 권리를 가진다.

②저작자는 다음 각 호의 어느 하나에 해당하는 변경에 대하여는 이의(異議)할 수 없다. 다만, 본질적인 내용의 변경은 그러하지 아니하다. 〈개정 2009. 4. 22., 2023. 8. 8.〉

1. 제25조의 규정에 따라 저작물을 이용하는 경우에 학교교육 목적을 위하여 부득이하다고 인정되는 범위 안에서의 표현의 변경

2. 건축물의 증축·개축 그 밖의 변형

3. 특정한 컴퓨터 외에는 이용할 수 없는 프로그램을 다른 컴퓨터에 이용할 수 있도록 하기 위하여 필요한 범위에서의 변경

4. 프로그램을 특정한 컴퓨터에 보다 효과적으로 이용할 수 있도록 하기 위하여 필요한 범위에서의 변경

5. 그 밖에 저작물의 성질이나 그 이용의 목적 및 형태 등에 비추어 부득이하다고 인정되는 범위 안에서의 변경

제14조(저작인격권의 일신전속성) ①저작인격권은 저작자 일신에 전속한다.

②저작자의 사망 후에 그의 저작물을 이용하는 자는 저작자가 생존하였더라면 그 저작인격권의 침해가 될 행위를 하여서는 아니 된다. 다만, 그 행위의 성질 및 정도에 비추어 사회통념상 그 저작자의 명예를 훼손하는 것이 아니라고 인정되는 경우에는 그러하지 아니하다.

제15조(공동저작물의 저작인격권) ①공동저작물의 저작인격권은 저작자 전원의 합의에 의하지 아니하고는 이를 행사할 수 없다. 이 경우 각 저작자는 신의에 반하여 합의의 성립을 방해할 수 없다.

②공동저작물의 저작자는 그들 중에서 저작인격권을 대표하여 행사할 수 있는 자를 정할 수 있다.

③제2항의 규정에 따라 권리를 대표하여 행사하는 자의 대표권에

가하여진 제한이 있을 때에 그 제한은 선의의 제3자에게 대항할 수 없다.

제4절 저작재산권

제1관 저작재산권의 종류

제16조(복제권) 저작자는 그의 저작물을 복제할 권리를 가진다.

제17조(공연권) 저작자는 그의 저작물을 공연할 권리를 가진다.

제18조(공중송신권) 저작자는 그의 저작물을 공중송신할 권리를 가진다.

제19조(전시권) 저작자는 미술저작물등의 원본이나 그 복제물을 전시할 권리를 가진다.

제20조(배포권) 저작자는 저작물의 원본이나 그 복제물을 배포할 권리를 가진다. 다만, 저작물의 원본이나 그 복제물이 해당 저작재산권자의 허락을 받아 판매 등의 방법으로 거래에 제공된 경우에는 그러하지 아니하다. 〈개정 2009. 4. 22.〉

제21조(대여권) 제20조 단서에도 불구하고 저작자는 상업적 목적으로 공표된 음반(이하 "상업용 음반"이라 한다)이나 상업적 목적으로 공표된 프로그램을 영리를 목적으로 대여할 권리를 가진다. 〈개정 2009. 4. 22., 2016. 3. 22.〉

제22조(2차적저작물작성권) 저작자는 그의 저작물을 원저작물로 하는 2차적저작물을 작성하여 이용할 권리를 가진다.

제2관 저작재산권의 제한

제23조(재판 등에서의 복제) 다음 각 호의 어느 하나에 해당하는 경우에는 그 한도 안에서 저작물을 복제할 수 있다. 다만, 그 저작물의 종류와 복제의 부수 및 형태 등에 비추어 해당 저작재산권자의 이익을 부당하게 침해하는 경우에는 그러하지 아니하다. 〈개정 2020. 2. 4.〉

1. 재판 또는 수사를 위하여 필요한 경우
2. 입법·행정 목적을 위한 내부 자료로서 필요한 경우

[제목개정 2020. 2. 4.]

제24조(정치적 연설 등의 이용) 공개적으로 행한 정치적 연설 및 법정 · 국회 또는 지방의회에서 공개적으로 행한 진술은 어떠한 방법으로도 이용할 수 있다. 다만, 동일한 저작자의 연설이나 진술을 편집하여 이용하는 경우에는 그러하지 아니하다.

제24조의2(공공저작물의 자유이용) ① 국가 또는 지방자치단체가 업무상 작성하여 공표한 저작물이나 계약에 따라 저작재산권의 전부를 보유한 저작물은 허락 없이 이용할 수 있다. 다만, 저작물이 다음 각 호의 어느 하나에 해당하는 경우에는 그러하지 아니하다. 〈개정 2020. 2. 4.〉

1. 국가안전보장에 관련되는 정보를 포함하는 경우
2. 개인의 사생활 또는 사업상 비밀에 해당하는 경우
3. 다른 법률에 따라 공개가 제한되는 정보를 포함하는 경우
4. 제112조에 따른 한국저작권위원회(이하 제111조까지 "위원회"라 한다)에 등록된 저작물로서 「국유재산법」에 따른 국유재산 또는 「공유재산 및 물품 관리법」에 따른 공유재산으로 관리되는 경우

② 국가는 「공공기관의 운영에 관한 법률」 제4조에 따른 공공기관이 업무상 작성하여 공표한 저작물이나 계약에 따라 저작재산권의 전부를 보유한 저작물의 이용을 활성화하기 위하여 대통령령으로 정하는 바에 따라 공공저작물 이용활성화 시책을 수립 · 시행할 수 있다.

③ 국가 또는 지방자치단체는 제1항제4호의 공공저작물 중 자유로운 이용을 위하여 필요하다고 인정하는 경우 「국유재산법」 또는 「공유재산 및 물품 관리법」에도 불구하고 대통령령으로 정하는 바에 따라 사용하게 할 수 있다.

[본조신설 2013. 12. 30.]

제25조(학교교육 목적 등에의 이용) ①고등학교 및 이에 준하는 학교 이하의 학교의 교육 목적을 위하여 필요한 교과용도서에는 공표된 저작물을 게재할 수 있다. 〈개정 2023. 8. 8.〉

② 교과용도서를 발행한 자는 교과용도서를 본래의 목적으로 이용하기 위하여 필요한 한도 내에서 제1항에 따라 교과용도서에 게재한 저작물을 복제 · 배포 · 공중송신할 수 있다. 〈신설 2020. 2. 4.〉

③ 다음 각 호의 어느 하나에 해당하는 학교·교육기관 또는 교육훈련기관이 수업 목적으로 이용하는 경우에는 공표된 저작물의 일부분을 복제·배포·공연·전시 또는 공중송신(이하 이 조에서 “복제등”이라 한다)할 수 있다. 다만, 공표된 저작물의 성질이나 그 이용의 목적 및 형태 등에 비추어 해당 저작물의 전부를 복제등을 하는 것이 부득이한 경우에는 전부 복제등을 할 수 있다. 〈개정 2020. 2. 4., 2024. 2. 27.〉

1. 특별법에 따라 설립된 학교

2. 「유아교육법」, 「초·중등교육법」 또는 「고등교육법」에 따른 학교

3. 국가나 지방자치단체가 운영하는 교육기관

4. 「학점인정 등에 관한 법률」 제3조에 따라 평가인정을 받은 학습과정을 운영하는 교육훈련기관(정보통신매체를 이용한 원격수업기반 학습과정에 한정한다)

④ 국가나 지방자치단체에 소속되어 제3항에 따른 학교 또는 교육기관의 수업을 지원하는 기관(이하 “수업지원기관”이라 한다)은 수업 지원을 위하여 필요한 경우에는 공표된 저작물의 일부분을 복제등을 할 수 있다. 다만, 공표된 저작물의 성질이나 그 이용의 목적 및 형태 등에 비추어 해당 저작물의 전부를 복제등을 하는 것이 부득이한 경우에는 전부 복제등을 할 수 있다. 〈신설 2020. 2. 4., 2024. 2. 27.〉

⑤제3항 각 호의 학교·교육기관 또는 교육훈련기관에서 교육을 받는 자는 수업 목적을 위하여 필요하다고 인정되는 경우에는 제3항의 범위 내에서 공표된 저작물을 복제하거나 공중송신할 수 있다. 〈개정 2020. 2. 4., 2023. 8. 8., 2024. 2. 27.〉

⑥제1항부터 제4항까지의 규정에 따라 공표된 저작물을 이용하려는 자는 문화체육관광부장관이 정하여 고시하는 기준에 따른 보상금을 해당 저작재산권자에게 지급하여야 한다. 다만, 고등학교 및 이에 준하는 학교 이하의 학교에서 복제등을 하는 경우에는 보상금을 지급하지 아니한다. 〈개정 2008. 2. 29., 2009. 4. 22., 2020. 2.

4.〉

⑦제6항에 따른 보상을 받을 권리는 다음 각 호의 요건을 갖춘 단체로서 문화체육관광부장관이 지정하는 단체를 통하여 행사되어야 한다. 문화체육관광부장관이 그 단체를 지정할 때에는 미리 그 단체의 동의를 받아야 한다. 〈개정 2008. 2. 29., 2020. 2. 4.〉

1. 대한민국 내에서 보상을 받을 권리를 가진 자(이하 "보상권리자"라 한다)로 구성된 단체

2. 영리를 목적으로 하지 아니할 것

3. 보상금의 징수 및 분배 등의 업무를 수행하기에 충분한 능력이 있을 것

⑧제7항에 따른 단체는 그 구성원이 아니라도 보상권리자로부터 신청이 있을 때에는 그 자를 위하여 그 권리행사를 거부할 수 없다. 이 경우 그 단체는 자기의 명의로 그 권리에 관한 재판상 또는 재판 외의 행위를 할 권한을 가진다. 〈개정 2020. 2. 4.〉

⑨문화체육관광부장관은 제7항에 따른 단체가 다음 각 호의 어느 하나에 해당하는 경우에는 그 지정을 취소할 수 있다. 〈개정 2008. 2. 29., 2020. 2. 4., 2023. 8. 8.〉

1. 제7항에 따른 요건을 갖추지 못한 때

2. 보상관계 업무규정을 위배한 때

3. 보상관계 업무를 상당한 기간 정지하여 보상권리자의 이익을 해할 우려가 있을 때

⑩제7항에 따른 단체는 보상금 분배 공고를 한 날부터 5년이 지난 미분배 보상금에 대하여 문화체육관광부장관의 승인을 받아 다음 각 호의 어느 하나에 해당하는 목적을 위하여 사용할 수 있다. 다만, 보상권리자에 대한 정보가 확인되는 경우 보상금을 지급하기 위하여 일정 비율의 미분배 보상금을 대통령령으로 정하는 바에 따라 적립하여야 한다. 〈개정 2008. 2. 29., 2018. 10. 16., 2020. 2. 4.〉

1. 저작권 교육·홍보 및 연구

2. 저작권 정보의 관리 및 제공

3. 저작물 창작 활동의 지원

4. 저작권 보호 사업
5. 창작자 권익옹호 사업
6. 보상권리자에 대한 보상금 분배 활성화 사업
7. 저작물 이용 활성화 및 공정한 이용을 도모하기 위한 사업

⑪제7항 · 제9항 및 제10항에 따른 단체의 지정과 취소 및 업무규정, 보상금 분배 공고, 미분배 보상금의 사용 승인 등에 필요한 사항은 대통령령으로 정한다. 〈개정 2018. 10. 16., 2020. 2. 4.〉

⑫제2항부터 제4항까지의 규정에 따라 교과용도서를 발행한 자, 학교 · 교육기관 · 교육훈련기관 및 수업지원기관이 저작물을 공중송신하는 경우에는 저작권 그 밖에 이 법에 의하여 보호되는 권리의 침해를 방지하기 위하여 복제방지조치 등 대통령령으로 정하는 필요한 조치를 하여야 한다. 〈개정 2020. 2. 4., 2024. 2. 27.〉

제26조(시사보도를 위한 이용) 방송 · 신문 그 밖의 방법에 의하여 시사보도를 하는 경우에 그 과정에서 보이거나 들리는 저작물은 보도를 위한 정당한 범위 안에서 복제 · 배포 · 공연 또는 공중송신할 수 있다.

제27조(시사적인 기사 및 논설의 복제 등) 정치 · 경제 · 사회 · 문화 · 종교에 관하여 「신문 등의 진흥에 관한 법률」 제2조의 규정에 따른 신문 및 인터넷신문 또는 「뉴스통신진흥에 관한 법률」 제2조의 규정에 따른 뉴스통신에 게재된 시사적인 기사나 논설은 다른 언론기관이 복제 · 배포 또는 방송할 수 있다. 다만, 이용을 금지하는 표시가 있는 경우에는 그러하지 아니하다. 〈개정 2009. 7. 31.〉

제28조(공표된 저작물의 인용) 공표된 저작물은 보도 · 비평 · 교육 · 연구 등을 위하여는 정당한 범위 안에서 공정한 관행에 합치되게 이를 인용할 수 있다.

제29조(영리를 목적으로 하지 아니하는 공연 · 방송) ①영리를 목적으로 하지 아니하고 청중이나 관중 또는 제3자로부터 어떤 명목으로든지 대가를 지급받지 아니하는 경우에는 공표된 저작물을 공연(상업용 음반 또는 상업적 목적으로 공표된 영상저작물을 재생하는 경우는 제외한다) 또는 방송할 수 있다. 다만, 실연자에게 일반적인

보수를 지급하는 경우에는 그러하지 아니하다. 〈개정 2016. 3. 22., 2023. 8. 8.〉

②청중이나 관중으로부터 해당 공연에 대한 대가를 지급받지 아니하는 경우에는 상업용 음반 또는 상업적 목적으로 공표된 영상저작물을 재생하여 공중에게 공연할 수 있다. 다만, 대통령령으로 정하는 경우에는 그러하지 아니하다. 〈개정 2016. 3. 22., 2021. 5. 18., 2023. 8. 8.〉

제30조(사적이용을 위한 복제) 공표된 저작물을 영리를 목적으로 하지 아니하고 개인적으로 이용하거나 가정 및 이에 준하는 한정된 범위 안에서 이용하는 경우에는 그 이용자는 이를 복제할 수 있다. 다만, 공중의 사용에 제공하기 위하여 설치된 복사기기, 스캐너, 사진기 등 문화체육관광부령으로 정하는 복제기기에 의한 복제는 그러하지 아니하다. 〈개정 2020. 2. 4.〉

제31조(도서관등에서의 복제 등) ①「도서관법」에 따른 도서관과 도서·문서·기록 그 밖의 자료(이하 "도서등"이라 한다)를 공중의 이용에 제공하는 시설 중 대통령령으로 정하는 시설(해당 시설의 장을 포함한다. 이하 "도서관등"이라 한다)은 다음 각 호의 어느 하나에 해당하는 경우에는 그 도서관등에 보관된 도서등(제1호의 경우에는 제3항에 따라 해당 도서관등이 복제·전송받은 도서등을 포함한다)을 사용하여 저작물을 복제할 수 있다. 다만, 제1호 및 제3호의 경우에는 디지털 형태로 복제할 수 없다. 〈개정 2021. 5. 18., 2023. 8. 8.〉

1. 조사·연구를 목적으로 하는 이용자의 요구에 따라 공표된 도서등의 일부분의 복제물을 1명당 1부에 한정하여 제공하는 경우
2. 도서등의 자체보존을 위하여 필요한 경우
3. 다른 도서관등의 요구에 따라 절판 그 밖에 이에 준하는 사유로 구하기 어려운 도서등의 복제물을 보존용으로 제공하는 경우

②도서관등은 컴퓨터를 이용하여 이용자가 그 도서관등의 안에서 열람할 수 있도록 보관된 도서등을 복제하거나 전송할 수 있다. 이 경우 동시에 열람할 수 있는 이용자의 수는 그 도서관등에서 보관

하고 있거나 저작권 그 밖에 이 법에 따라 보호되는 권리를 가진 자로부터 이용허락을 받은 그 도서등의 부수를 초과할 수 없다. 〈개정 2009. 4. 22.〉

③도서관등은 컴퓨터를 이용하여 이용자가 다른 도서관등의 안에서 열람할 수 있도록 보관된 도서등을 복제하거나 전송할 수 있다. 다만, 그 전부 또는 일부가 판매용으로 발행된 도서등은 그 발행일부터 5년이 지나지 아니한 경우에는 그러하지 아니하다. 〈개정 2009. 4. 22., 2023. 8. 8.〉

④도서관등은 제1항제2호의 규정에 따른 도서등의 복제 및 제2항과 제3항의 규정에 따른 도서등의 복제의 경우에 그 도서등이 디지털 형태로 판매되고 있는 때에는 그 도서등을 디지털 형태로 복제할 수 없다.

⑤도서관등은 제1항제1호에 따라 디지털 형태의 도서등을 복제하는 경우 및 제3항에 따라 도서등을 다른 도서관등의 안에서 열람할 수 있도록 복제하거나 전송하는 경우에는 문화체육관광부장관이 정하여 고시하는 기준에 따른 보상금을 해당 저작재산권자에게 지급하여야 한다. 다만, 국가, 지방자치단체 또는 「고등교육법」 제2조에 따른 학교를 저작재산권자로 하는 도서등(그 전부 또는 일부가 판매용으로 발행된 도서등은 제외한다)의 경우에는 그러하지 아니하다. 〈개정 2008. 2. 29., 2021. 5. 18.〉

⑥ 제5항의 보상금의 지급 등에 관하여는 제25조제7항부터 제11항까지의 규정을 준용한다. 〈개정 2020. 2. 4.〉

⑦제1항부터 제3항까지에 따라 도서등을 디지털 형태로 복제하거나 전송하는 경우에 도서관등은 저작권 그 밖에 이 법에 따라 보호되는 권리의 침해를 방지하기 위하여 복제방지조치 등 대통령령으로 정하는 필요한 조치를 하여야 한다. 〈개정 2021. 5. 18., 2023. 8. 8.〉

⑧ 「도서관법」 제22조에 따라 국립중앙도서관이 온라인 자료의 보존을 위하여 수집하는 경우에는 해당 자료를 복제할 수 있다. 〈신설 2009. 3. 25., 2021. 12. 7.〉

제32조(시험문제를 위한 복제 등) 학교의 입학시험이나 그 밖에 학

식 및 기능에 관한 시험 또는 검정을 위하여 필요한 경우에는 그 목적을 위하여 정당한 범위에서 공표된 저작물을 복제·배포 또는 공중송신할 수 있다. 다만, 영리를 목적으로 하는 경우에는 그러하지 아니하다. 〈개정 2009. 4. 22., 2020. 2. 4.〉

[제목개정 2020. 2. 4.]

제33조(시각장애인등을 위한 복제 등) ①누구든지 공표된 저작물을 시각장애인과 독서에 장애가 있는 사람으로서 대통령령으로 정하는 사람(이하 "시각장애인등"이라 한다)을 위하여 「점자법」 제3조에 따른 점자로 변환하여 복제·배포할 수 있다. 〈개정 2023. 8. 8.〉

②시각장애인등의 복리증진을 목적으로 하는 시설 중 대통령령으로 정하는 시설(해당 시설의 장을 포함한다)은 영리를 목적으로 하지 아니하고 시각장애인등의 이용에 제공하기 위하여 공표된 저작물등에 포함된 문자 및 영상 등의 시각적 표현을 시각장애인등이 인지할 수 있는 대체자료로 변환하여 이를 복제·배포·공연 또는 공중송신할 수 있다. 〈개정 2009. 3. 25., 2021. 5. 18., 2023. 8. 8.〉

③ 시각장애인등과 그의 보호자(보조자를 포함한다. 이하 이 조 및 제33조의2에서 같다)는 공표된 저작물등에 적법하게 접근하는 경우 시각장애인등의 개인적 이용을 위하여 그 저작물등에 포함된 문자 및 영상 등의 시각적 표현을 시각장애인등이 인지할 수 있는 대체자료로 변환하여 이를 복제할 수 있다. 〈신설 2023. 8. 8.〉

④제2항 및 제3항에 따른 대체자료의 범위는 대통령령으로 정한다. 〈개정 2023. 8. 8.〉

[제목개정 2023. 8. 8.]

제33조의2(청각장애인 등을 위한 복제 등) ① 누구든지 공표된 저작물을 청각장애인 등을 위하여 「한국수화언어법」 제3조제1호에 따른 한국수어로 변환할 수 있고, 이러한 한국수어를 복제·배포·공연 또는 공중송신할 수 있다. 〈개정 2016. 2. 3., 2023. 8. 8.〉

② 청각장애인 등의 복리증진을 목적으로 하는 시설 중 대통령령으로 정하는 시설(해당 시설의 장을 포함한다)은 영리를 목적으로 하지 아니하고 청각장애인 등의 이용에 제공하기 위하여 필요한 범

위에서 공표된 저작물등에 포함된 음성 및 음향 등을 자막 등 청각장애인 등이 인지할 수 있는 대체자료로 변환하여 이를 복제·배포·공연 또는 공중송신할 수 있다. 〈개정 2023. 8. 8.〉

③ 청각장애인 등과 그의 보호자는 공표된 저작물등에 적법하게 접근하는 경우 청각장애인 등의 개인적 이용을 위하여 그 저작물등에 포함된 음성·음향 등을 자막 등 청각장애인 등이 인지할 수 있는 대체자료로 변환하여 이를 복제할 수 있다. 〈신설 2023. 8. 8.〉

④ 제1항부터 제3항까지에 따른 청각장애인 등의 범위와 제2항 및 제3항에 따른 대체자료의 범위는 대통령령으로 정한다. 〈개정 2023. 8. 8.〉

[본조신설 2013. 7. 16.]

제34조(방송사업자의 일시적 녹음·녹화) ①저작물을 방송할 권한을 가지는 방송사업자는 자신의 방송을 위하여 자체의 수단으로 저작물을 일시적으로 녹음하거나 녹화할 수 있다.

②제1항의 규정에 따라 만들어진 녹음물 또는 녹화물은 녹음일 또는 녹화일부터 1년을 초과하여 보존할 수 없다. 다만, 그 녹음물 또는 녹화물이 기록의 자료로서 대통령령으로 정하는 장소에 보존되는 경우에는 그러하지 아니하다. 〈개정 2021. 5. 18., 2023. 8. 8.〉

제35조(미술저작물등의 전시 또는 복제) ①미술저작물등의 원본의 소유자나 그의 동의를 얻은 자는 그 저작물을 원본에 의하여 전시할 수 있다. 다만, 가로·공원·건축물의 외벽 그 밖에 공중에게 개방된 장소에 항시 전시하는 경우에는 그러하지 아니하다.

②제1항 단서의 규정에 따른 개방된 장소에 항시 전시되어 있는 미술저작물등은 어떠한 방법으로든지 이를 복제하여 이용할 수 있다. 다만, 다음 각 호의 어느 하나에 해당하는 경우에는 그러하지 아니하다.

1. 건축물을 건축물로 복제하는 경우
2. 조각 또는 회화를 조각 또는 회화로 복제하는 경우
3. 제1항 단서의 규정에 따른 개방된 장소 등에 항시 전시하기 위하여 복제하는 경우

4. 판매의 목적으로 복제하는 경우

③제1항의 규정에 따라 전시를 하는 자 또는 미술저작물등의 원본을 판매하고자 하는 자는 그 저작물의 해설이나 소개를 목적으로 하는 목록 형태의 책자에 이를 복제하여 배포할 수 있다.

④위탁에 의한 초상화 또는 이와 유사한 사진저작물의 경우에는 위탁자의 동의가 없는 때에는 이를 이용할 수 없다.

제35조의2(저작물 이용과정에서의 일시적 복제) 컴퓨터에서 저작물을 이용하는 경우에는 원활하고 효율적인 정보처리를 위하여 필요하다고 인정되는 범위 안에서 그 저작물을 그 컴퓨터에 일시적으로 복제할 수 있다. 다만, 그 저작물의 이용이 저작권을 침해하는 경우에는 그러하지 아니하다.

[본조신설 2011. 12. 2.]

제35조의3(부수적 복제 등) 사진촬영, 녹음 또는 녹화(이하 이 조에서 "촬영등"이라 한다)를 하는 과정에서 보이거나 들리는 저작물이 촬영등의 주된 대상에 부수적으로 포함되는 경우에는 이를 복제·배포·공연·전시 또는 공중송신할 수 있다. 다만, 그 이용된 저작물의 종류 및 용도, 이용의 목적 및 성격 등에 비추어 저작재산권자의 이익을 부당하게 해치는 경우에는 그러하지 아니하다.

[본조신설 2019. 11. 26.]

[종전 제35조의3은 제35조의5로 이동 〈2019. 11. 26.〉]

제35조의4(문화시설에 의한 복제 등) ① 국가나 지방자치단체가 운영하는 문화예술 활동에 지속적으로 이용되는 시설 중 대통령령으로 정하는 문화시설(해당 시설의 장을 포함한다. 이하 이 조에서 "문화시설"이라 한다)은 대통령령으로 정하는 기준에 해당하는 상당한 조사를 하였어도 공표된 저작물(제3조에 따른 외국인의 저작물은 제외한다. 이하 이 조에서 같다)의 저작재산권자나 그의 거소를 알 수 없는 경우 그 문화시설에 보관된 자료를 수집·정리·분석·보존하여 공중에게 제공하기 위한 목적(영리를 목적으로 하는 경우는 제외한다)으로 그 자료를 사용하여 저작물을 복제·배포·공연·전시 또는 공중송신할 수 있다. 〈개정 2023. 8. 8.〉

② 저작재산권자는 제1항에 따른 문화시설의 이용에 대하여 해당 저작물의 이용을 중단할 것을 요구할 수 있으며, 요구를 받은 문화시설은 지체 없이 해당 저작물의 이용을 중단하여야 한다.

③ 저작재산권자는 제1항에 따른 이용에 대하여 보상금을 청구할 수 있으며, 문화시설은 저작재산권자와 협의한 보상금을 지급하여야 한다.

④ 제3항에 따라 보상금 협의절차를 거쳤으나 협의가 성립되지 아니한 경우에는 문화시설 또는 저작재산권자는 문화체육관광부장관에게 보상금 결정을 신청하여야 한다.

⑤ 제4항에 따른 보상금 결정 신청이 있는 경우에 문화체육관광부장관은 저작물의 이용 목적·이용 형태·이용 범위 등을 고려하여 보상금 규모 및 지급 시기를 정한 후 이를 문화시설 및 저작재산권자에게 통보하여야 한다.

⑥ 제1항에 따라 문화시설이 저작물을 이용하고자 하는 경우에는 대통령령으로 정하는 바에 따라 이용되는 저작물의 목록·내용 등과 관련된 정보의 게시, 저작권 및 그 밖에 이 법에 따라 보호되는 권리의 침해를 방지하기 위한 복제방지조치 등 필요한 조치를 하여야 한다.

⑦ 제2항부터 제5항까지의 규정에 따른 이용 중단 요구 절차와 방법, 보상금 결정 신청 및 결정 절차 등에 관하여 필요한 사항은 대통령령으로 정한다.

[본조신설 2019. 11. 26.]

제35조의5(저작물의 공정한 이용) ① 제23조부터 제35조의4까지, 제101조의3부터 제101조의5까지의 경우 외에 저작물의 일반적인 이용 방법과 충돌하지 아니하고 저작자의 정당한 이익을 부당하게 해치지 아니하는 경우에는 저작물을 이용할 수 있다. 〈개정 2016. 3. 22., 2019. 11. 26., 2023. 8. 8.〉

② 저작물 이용 행위가 제1항에 해당하는지를 판단할 때에는 다음 각 호의 사항등을 고려하여야 한다. 〈개정 2016. 3. 22.〉

1. 이용의 목적 및 성격

2. 저작물의 종류 및 용도

3. 이용된 부분이 저작물 전체에서 차지하는 비중과 그 중요성

4. 저작물의 이용이 그 저작물의 현재 시장 또는 가치나 잠재적인 시장 또는 가치에 미치는 영향

[본조신설 2011. 12. 2.]

[제35조의3에서 이동 〈2019. 11. 26.〉]

제36조(번역 등에 의한 이용) ①제24조의2, 제25조, 제29조, 제30조, 제35조의3부터 제35조의5까지의 규정에 따라 저작물을 이용하는 경우에는 그 저작물을 번역·편곡 또는 개작하여 이용할 수 있다. 〈개정 2011. 12. 2., 2013. 12. 30., 2019. 11. 26.〉

②제23조·제24조·제26조·제27조·제28조·제32조·제33조 또는 제33조의2에 따라 저작물을 이용하는 경우에는 그 저작물을 번역하여 이용할 수 있다. 〈개정 2011. 12. 2., 2013. 7. 16.〉

제37조(출처의 명시) ①이 관에 따라 저작물을 이용하는 자는 그 출처를 명시하여야 한다. 다만, 제26조, 제29조부터 제32조까지, 제34조 및 제35조의2부터 제35조의4까지의 경우에는 그러하지 아니하다. 〈개정 2011. 12. 2., 2019. 11. 26.〉

②출처의 명시는 저작물의 이용 상황에 따라 합리적이라고 인정되는 방법으로 하여야 하며, 저작자의 실명 또는 이명이 표시된 저작물인 경우에는 그 실명 또는 이명을 명시하여야 한다.

제37조의2(적용 제외) 프로그램에 대하여는 제23조·제25조·제30조 및 제32조를 적용하지 아니한다.

[본조신설 2009. 4. 22.]

제38조(저작인격권과의 관계) 이 관 각 조의 규정은 저작인격권에 영향을 미치는 것으로 해석되어서는 아니 된다.

제3관 저작재산권의 보호기간

제39조(보호기간의 원칙) ①저작재산권은 이 관에 특별한 규정이 있는 경우를 제외하고는 저작자가 생존하는 동안과 사망한 후 70년간 존속한다. 〈개정 2011. 6. 30.〉

②공동저작물의 저작재산권은 맨 마지막으로 사망한 저작자가 사망한 후 70년간 존속한다. 〈개정 2011. 6. 30.〉

제40조(무명 또는 이명 저작물의 보호기간) ①무명 또는 널리 알려지지 아니한 이명이 표시된 저작물의 저작재산권은 공표된 때부터 70년간 존속한다. 다만, 이 기간 내에 저작자가 사망한지 70년이 지났다고 인정할만한 정당한 사유가 발생한 경우에는 그 저작재산권은 저작자가 사망한 후 70년이 지났다고 인정되는 때에 소멸한 것으로 본다. 〈개정 2011. 6. 30.〉

②다음 각 호의 어느 하나에 해당하는 경우에는 제1항의 규정은 이를 적용하지 아니한다.

1. 제1항의 기간 이내에 저작자의 실명 또는 널리 알려진 이명이 밝혀진 경우

2. 제1항의 기간 이내에 제53조제1항의 규정에 따른 저작자의 실명등록이 있는 경우

제41조(업무상저작물의 보호기간) 업무상저작물의 저작재산권은 공표한 때부터 70년간 존속한다. 다만, 창작한 때부터 50년 이내에 공표되지 아니한 경우에는 창작한 때부터 70년간 존속한다. 〈개정 2011. 6. 30.〉

제42조(영상저작물의 보호기간) 영상저작물의 저작재산권은 제39조 및 제40조에도 불구하고 공표한 때부터 70년간 존속한다. 다만, 창작한 때부터 50년 이내에 공표되지 아니한 경우에는 창작한 때부터 70년간 존속한다. 〈개정 2009. 4. 22., 2011. 6. 30.〉

[제목개정 2011. 6. 30.]

제43조(계속적간행물 등의 공표시기) ①제40조제1항 또는 제41조에 따른 공표시기는 책·호 또는 회 등으로 공표하는 저작물의 경우에는 매책·매호 또는 매회 등의 공표 시로 하고, 일부분씩 순차적으로 공표하여 완성하는 저작물의 경우에는 최종부분의 공표 시로 한다. 〈개정 2011. 6. 30.〉

②일부분씩 순차적으로 공표하여 전부를 완성하는 저작물의 계속되어야 할 부분이 최근의 공표시기부터 3년이 지나도 공표되지 아

니하는 경우에는 이미 공표된 맨 뒤의 부분을 제1항의 규정에 따른 최종부분으로 본다. 〈개정 2023. 8. 8.〉

제44조(보호기간의 기산) 이 관에 규정된 저작재산권의 보호기간을 계산하는 경우에는 저작자가 사망하거나 저작물을 창작 또는 공표한 다음 해부터 기산한다.

제4관 저작재산권의 양도 · 행사 · 소멸

제45조(저작재산권의 양도) ①저작재산권은 전부 또는 일부를 양도할 수 있다.

②저작재산권의 전부를 양도하는 경우에 특약이 없는 때에는 제22조에 따른 2차적저작물을 작성하여 이용할 권리는 포함되지 아니한 것으로 추정한다. 다만, 프로그램의 경우 특약이 없으면 2차적저작물작성권도 함께 양도된 것으로 추정한다. 〈개정 2009. 4. 22., 2023. 8. 8.〉

제46조(저작물의 이용허락) ①저작재산권자는 다른 사람에게 그 저작물의 이용을 허락할 수 있다.

②제1항의 규정에 따라 허락을 받은 자는 허락받은 이용 방법 및 조건의 범위 안에서 그 저작물을 이용할 수 있다.

③제1항의 규정에 따른 허락에 의하여 저작물을 이용할 수 있는 권리는 저작재산권자의 동의 없이 제3자에게 이를 양도할 수 없다.

제47조(저작재산권을 목적으로 하는 질권의 행사 등) ①저작재산권을 목적으로 하는 질권은 그 저작재산권의 양도 또는 그 저작물의 이용에 따라 저작재산권자가 받을 금전 그 밖의 물건(제57조에 따른 배타적발행권 및 제63조에 따른 출판권 설정의 대가를 포함한다)에 대하여도 행사할 수 있다. 다만, 이들의 지급 또는 인도 전에 이를 압류하여야 한다. 〈개정 2009. 4. 22., 2011. 12. 2.〉

② 질권의 목적으로 된 저작재산권은 설정행위에 특약이 없으면 저작재산권자가 이를 행사한다. 〈신설 2009. 4. 22., 2023. 8. 8.〉

[제목개정 2009. 4. 22.]

제48조(공동저작물의 저작재산권의 행사) ①공동저작물의 저작재산

권은 그 저작재산권자 전원의 합의에 의하지 아니하고는 이를 행사할 수 없으며, 다른 저작재산권자의 동의가 없으면 그 지분을 양도하거나 질권의 목적으로 할 수 없다. 이 경우 각 저작재산권자는 신의에 반하여 합의의 성립을 방해하거나 동의를 거부할 수 없다.

②공동저작물의 이용에 따른 이익은 공동저작자 간에 특약이 없는 때에는 그 저작물의 창작에 이바지한 정도에 따라 각자에게 배분된다. 이 경우 각자의 이바지한 정도가 명확하지 아니한 때에는 균등한 것으로 추정한다.

③공동저작물의 저작재산권자는 그 공동저작물에 대한 자신의 지분을 포기할 수 있으며, 포기하거나 상속인 없이 사망한 경우에 그 지분은 다른 저작재산권자에게 그 지분의 비율에 따라 배분된다.

④제15조제2항 및 제3항의 규정은 공동저작물의 저작재산권의 행사에 관하여 준용한다.

제49조(저작재산권의 소멸) 저작재산권이 다음 각 호의 어느 하나에 해당하는 경우에는 소멸한다.

1. 저작재산권자가 상속인 없이 사망한 경우에 그 권리가 「민법」 그 밖의 법률의 규정에 따라 국가에 귀속되는 경우
2. 저작재산권자인 법인 또는 단체가 해산되어 그 권리가 「민법」 그 밖의 법률의 규정에 따라 국가에 귀속되는 경우

제5절 저작물 이용의 법정허락

제50조(저작재산권자 불명인 저작물의 이용) ①누구든지 대통령령으로 정하는 기준에 해당하는 상당한 노력을 기울였어도 공표된 저작물의 저작재산권자나 그의 거소를 알 수 없어 그 저작물의 이용허락을 받을 수 없는 경우에는 대통령령으로 정하는 바에 따라 문화체육관광부장관의 승인을 얻은 후 문화체육관광부장관이 정하는 기준에 의한 보상금을 위원회에 지급하고 이를 이용할 수 있다. 〈개정 2008. 2. 29., 2019. 11. 26., 2020. 2. 4.〉

②제1항의 규정에 따라 저작물을 이용하는 자는 그 뜻과 승인연월일을 표시하여야 한다.

③제1항의 규정에 따라 법정허락된 저작물이 다시 법정허락의 대상이 되는 때에는 제1항의 규정에 따른 대통령령으로 정하는 기준에 해당하는 상당한 노력의 절차를 생략할 수 있다. 다만, 그 저작물에 대한 법정허락의 승인 이전에 저작재산권자가 대통령령으로 정하는 절차에 따라 이의를 제기하는 때에는 그러하지 아니하다. 〈개정 2021. 5. 18.〉

④문화체육관광부장관은 대통령령으로 정하는 바에 따라 법정허락 내용을 정보통신망에 게시하여야 한다. 〈개정 2008. 2. 29., 2021. 5. 18.〉

⑤ 제1항에 따른 보상을 받을 권리는 위원회를 통하여 행사되어야 한다. 〈신설 2019. 11. 26., 2020. 2. 4.〉

⑥ 위원회는 제1항에 따라 보상금을 지급받은 날부터 10년이 지난 미분배 보상금에 대하여 문화체육관광부장관의 승인을 얻어 제25조제10항 각 호의 어느 하나에 해당하는 목적을 위하여 사용할 수 있다. 〈신설 2019. 11. 26., 2020. 2. 4., 2023. 8. 8.〉

⑦ 제1항 및 제6항에 따른 보상금 지급 절차·방법 및 미분배 보상금의 사용 승인 등에 필요한 사항은 대통령령으로 정한다. 〈신설 2019. 11. 26.〉

제51조(공표된 저작물의 방송) 공표된 저작물을 공익을 위한 필요에 따라 방송하려는 방송사업자가 그 저작재산권자와 협의하였으나 협의가 성립되지 아니하는 경우에는 대통령령으로 정하는 바에 따라 문화체육관광부장관의 승인을 얻은 후 문화체육관광부장관이 정하는 기준에 따른 보상금을 해당 저작재산권자에게 지급하거나 공탁하고 이를 방송할 수 있다. 〈개정 2008. 2. 29., 2021. 5. 18., 2023. 8. 8.〉

제52조(상업용 음반의 제작) 상업용 음반이 우리나라에서 처음으로 판매되어 3년이 지난 경우 그 음반에 녹음된 저작물을 녹음하여 다른 상업용 음반을 제작하려는 자가 그 저작재산권자와 협의하였으나 협의가 성립되지 아니하는 때에는 대통령령으로 정하는 바에 따라 문화체육관광부장관의 승인을 얻은 후 문화체육관광부장관이 정하는

기준에 따른 보상금을 해당 저작재산권자에게 지급하거나 공탁하고 다른 상업용 음반을 제작할 수 있다. 〈개정 2008. 2. 29., 2016. 3. 22., 2021. 5. 18., 2023. 8. 8.〉

[제목개정 2016. 3. 22.]

제6절 등록 및 인증

제53조(저작권의 등록) ①저작자는 다음 각 호의 사항을 등록할 수 있다. 〈개정 2021. 5. 18.〉

1. 저작자의 실명·이명(공표 당시에 이명을 사용한 경우로 한정한다)·국적·주소 또는 거소
2. 저작물의 제호·종류·창작연월일
3. 공표의 여부 및 맨 처음 공표된 국가·공표연월일
4. 그 밖에 대통령령으로 정하는 사항

②저작자가 사망한 경우 저작자의 특별한 의사표시가 없는 때에는 그의 유언으로 지정한 자 또는 상속인이 제1항 각 호의 규정에 따른 등록을 할 수 있다.

③제1항 및 제2항에 따라 저작자로 실명이 등록된 자는 그 등록저작물의 저작자로, 창작연월일 또는 맨 처음의 공표연월일이 등록된 저작물은 등록된 연월일에 창작 또는 맨 처음 공표된 것으로 추정한다. 다만, 저작물을 창작한 때부터 1년이 지난 후에 창작연월일을 등록한 경우에는 등록된 연월일에 창작된 것으로 추정하지 아니한다. 〈개정 2009. 4. 22., 2023. 8. 8.〉

제54조(권리변동 등의 등록·효력) 다음 각 호의 사항은 이를 등록할 수 있으며, 등록하지 아니하면 제3자에게 대항할 수 없다. 〈개정 2011. 12. 2., 2023. 8. 8.〉

1. 저작재산권의 양도(상속 그 밖의 일반승계의 경우는 제외한다) 또는 처분제한
2. 제57조에 따른 배타적발행권 또는 제63조에 따른 출판권의 설정·이전·변경·소멸 또는 처분제한
3. 저작재산권, 제57조에 따른 배타적발행권 및 제63조에 따른

출판권을 목적으로 하는 질권의 설정·이전·변경·소멸 또는 처분제한

제55조(등록의 절차 등) ①제53조 및 제54조에 따른 등록은 위원회가 저작권등록부(프로그램의 경우에는 프로그램등록부를 말한다. 이하 같다)에 기록함으로써 한다. 〈개정 2008. 2. 29., 2009. 4. 22., 2020. 2. 4.〉

②위원회는 다음 각 호의 어느 하나에 해당하는 경우에는 신청을 반려할 수 있다. 다만, 신청의 흠결이 보정될 수 있는 경우에 신청인이 그 신청을 한 날에 이를 보정하였을 때에는 그러하지 아니하다. 〈개정 2008. 2. 29., 2020. 2. 4.〉

1. 등록을 신청한 대상이 저작물이 아닌 경우
2. 등록을 신청한 대상이 제7조에 따른 보호받지 못하는 저작물인 경우
3. 등록을 신청할 권한이 없는 자가 등록을 신청한 경우
4. 등록신청에 필요한 자료 또는 서류를 첨부하지 아니한 경우
5. 제53조제1항 또는 제54조에 따라 등록을 신청한 사항의 내용이 문화체육관광부령으로 정하는 등록신청서 첨부서류의 내용과 일치하지 아니하는 경우
6. 등록신청이 문화체육관광부령으로 정한 서식에 맞지 아니한 경우

③ 제2항에 따라 등록신청이 반려된 경우에 그 등록을 신청한 자는 반려된 날부터 1개월 이내에 위원회에 이의를 신청할 수 있다. 〈신설 2020. 2. 4.〉

④ 위원회는 제3항에 따른 이의신청을 받았을 때에는 신청을 받은 날부터 1개월 이내에 심사하여 그 결과를 신청인에게 통지하여야 한다. 〈신설 2020. 2. 4.〉

⑤ 위원회는 제2항에 따른 반려처분에 대한 이의신청을 각하 또는 기각하는 결정을 한 때에는 신청인에게 행정심판 또는 행정소송을 제기할 수 있다는 취지를 이의신청 결과를 통지할 때 함께 알려야 한다. 〈신설 2020. 2. 4., 2023. 5. 16.〉

⑥위원회는 제1항에 따라 저작권등록부에 기록한 등록 사항에 대

하여 등록공보를 발행하거나 정보통신망에 게시하여야 한다. <개정 2008. 2. 29., 2020. 2. 4.>

⑦ 위원회는 저작권등록부의 열람 또는 사본 발급을 신청하는 자가 있는 경우에는 이를 열람하게 하거나 그 사본을 내주어야 한다. <신설 2020. 2. 4.>

⑧제1항부터 제7항까지에서 규정한 사항 외에 등록, 등록신청의 반려, 이의신청, 등록공보의 발행 또는 게시, 저작권등록부의 열람 및 사본의 발급 등에 필요한 사항은 대통령령으로 정한다. <개정 2020. 2. 4., 2021. 5. 18.>

제55조의2(착오·누락의 통지 및 직권 경정) ① 위원회는 저작권등록부에 기록된 사항에 착오가 있거나 누락된 것이 있음을 발견하였을 때에는 지체 없이 그 사실을 제53조 또는 제54조에 따라 등록을 한 자(이하 "저작권 등록자"라 한다)에게 알려야 한다.

② 제1항의 착오나 누락이 등록 담당 직원의 잘못으로 인한 것인 경우에는 지체 없이 그 등록된 사항을 경정(更正)하고 그 내용을 저작권 등록자에게 알려야 한다.

③ 위원회는 제1항 및 제2항에 따른 등록 사항의 경정에 이해관계를 가진 제3자가 있는 경우에는 그 제3자에게도 착오나 누락의 내용과 그에 따른 경정사실을 알려야 한다.

[본조신설 2020. 2. 4.]

[종전 제55조의2는 제55조의5로 이동 <2020. 2. 4.>]

제55조의3(변경등록등의 신청 등) ① 저작권 등록자는 다음 각 호의 어느 하나에 해당하는 경우에는 문화체육관광부령으로 정하는 바에 따라 해당 신청서에 이를 증명할 수 있는 서류를 첨부하여 위원회에 변경·경정·말소등록 또는 말소한 등록의 회복등록(이하 "변경등록등"이라 한다)을 신청할 수 있다.

1. 저작권등록부에 기록된 사항이 변경된 경우
2. 등록에 착오가 있거나 누락된 것이 있는 경우
3. 등록의 말소를 원하는 경우
4. 말소된 등록의 회복을 원하는 경우

② 위원회는 변경등록등 신청서에 적힌 내용이 이를 증명하는 서류의 내용과 서로 맞지 아니하는 경우에는 신청을 반려할 수 있다.

③ 제2항에 따라 등록신청이 반려된 경우에 그 등록을 신청한 자는 이의를 신청할 수 있다. 이 경우 이의신청에 관하여는 제55조제3항부터 제5항까지 및 제8항을 준용한다.

④ 위원회는 변경등록등의 신청을 받아들였을 때에는 그 내용을 저작권등록부에 기록하여야 한다.

⑤ 그 밖에 변경등록등의 신청, 신청의 반려 등에 필요한 사항은 대통령령으로 정한다.

[본조신설 2020. 2. 4.]

제55조의4(직권 말소등록) ① 위원회는 제53조 또는 제54조에 따른 등록이 제55조제2항제1호부터 제3호까지 및 제5호의 어느 하나에 해당하는 것을 알게 된 경우에는 그 등록을 직권으로 말소할 수 있다.

② 위원회는 제1항에 따라 등록을 말소하려면 청문을 하여야 한다. 다만, 제1항에 따른 말소 사유가 확정판결로 확인된 경우에는 그러하지 아니하다.

③ 위원회는 제2항 단서에 따라 청문을 하지 아니하고 등록을 말소하는 경우에는 그 말소의 사실을 저작권 등록자 및 이해관계가 있는 제3자에게 알려야 한다.

[본조신설 2020. 2. 4.]

제55조의5(비밀유지의무) 제53조부터 제55조까지, 제55조의2부터 제55조의4까지의 규정에 따른 등록 업무를 수행하는 직에 재직하는 사람과 재직하였던 사람은 직무상 알게 된 비밀을 다른 사람에게 누설하여서는 아니 된다. 〈개정 2020. 2. 4.〉

[본조신설 2009. 4. 22.]

[제55조의2에서 이동 〈2020. 2. 4.〉]

제56조(권리자 등의 인증) ①문화체육관광부장관은 저작물등의 거래의 안전과 신뢰보호를 위하여 인증기관을 지정할 수 있다. 〈개정 2008. 2. 29.〉

②제1항에 따른 인증기관의 지정과 지정취소 및 인증절차 등에

관하여 필요한 사항은 대통령령으로 정한다. 〈개정 2009. 4. 22.〉

③제1항의 규정에 따른 인증기관은 인증과 관련한 수수료를 받을 수 있으며 그 금액은 문화체육관광부장관이 정한다. 〈개정 2008. 2. 29.〉

제7절 배타적발행권 〈개정 2011. 12. 2.〉

제57조(배타적발행권의 설정) ① 저작물을 발행하거나 복제·전송(이하 "발행등"이라 한다)할 권리를 가진 자는 그 저작물을 발행등에 이용하고자 하는 자에 대하여 배타적 권리(이하 "배타적발행권"이라 하며, 제63조에 따른 출판권은 제외한다. 이하 같다)를 설정할 수 있다. 〈개정 2011. 12. 2.〉

② 저작재산권자는 그 저작물에 대하여 발행등의 방법 및 조건이 중첩되지 않는 범위 내에서 새로운 배타적발행권을 설정할 수 있다. 〈신설 2011. 12. 2.〉

③제1항에 따라 배타적발행권을 설정받은 자(이하 "배타적발행권자"라 한다)는 그 설정행위에서 정하는 바에 따라 그 배타적발행권의 목적인 저작물을 발행등의 방법으로 이용할 권리를 가진다. 〈개정 2011. 12. 2.〉

④저작재산권자는 그 저작물의 복제권·배포권·전송권을 목적으로 하는 질권이 설정되어 있는 경우에는 그 질권자의 허락이 있어야 배타적발행권을 설정할 수 있다. 〈개정 2011. 12. 2.〉

[제목개정 2011. 12. 2.]

제58조(배타적발행권자의 의무) ①배타적발행권자는 그 설정행위에 특약이 없는 때에는 배타적발행권의 목적인 저작물을 복제하기 위하여 필요한 원고 또는 이에 상응하는 물건을 받은 날부터 9개월 이내에 이를 발행등의 방법으로 이용하여야 한다. 〈개정 2011. 12. 2., 2021. 5. 18.〉

②배타적발행권자는 그 설정행위에 특약이 없는 때에는 관행에 따라 그 저작물을 계속하여 발행등의 방법으로 이용하여야 한다. 〈개정 2011. 12. 2.〉

③배타적발행권자는 특약이 없는 때에는 각 복제물에 대통령령으로 정하는 바에 따라 저작재산권자의 표지를 하여야 한다. 다만, 「신문 등의 진흥에 관한 법률」 제9조제1항에 따라 등록된 신문과 「잡지 등 정기간행물의 진흥에 관한 법률」 제15조 및 제16조에 따라 등록 또는 신고된 정기간행물의 경우에는 그러하지 아니하다. 〈개정 2011. 12. 2., 2020. 2. 4.〉

[제목개정 2011. 12. 2.]

제58조의2(저작물의 수정증감) ①배타적발행권자가 배타적발행권의 목적인 저작물을 발행등의 방법으로 다시 이용하는 경우에 저작자는 정당한 범위 안에서 그 저작물의 내용을 수정하거나 증감할 수 있다. 〈개정 2011. 12. 2.〉

②배타적발행권자는 배타적발행권의 목적인 저작물을 발행등의 방법으로 다시 이용하고자 하는 경우에 특약이 없는 때에는 그때마다 미리 저작자에게 그 사실을 알려야 한다. 〈개정 2011. 12. 2.〉

[제59조에서 이동 〈2011. 12. 2.〉]

제59조(배타적발행권의 존속기간 등) ①배타적발행권은 그 설정행위에 특약이 없는 때에는 맨 처음 발행등을 한 날부터 3년간 존속한다. 다만, 저작물의 영상화를 위하여 배타적발행권을 설정하는 경우에는 5년으로 한다. 〈개정 2011. 12. 2., 2023. 8. 8.〉

②저작재산권자는 배타적발행권 존속기간 중 그 배타적발행권의 목적인 저작물의 저작자가 사망한 때에는 제1항에도 불구하고 저작자를 위하여 저작물을 전집 그 밖의 편집물에 수록하거나 전집 그 밖의 편집물의 일부인 저작물을 분리하여 이를 따로 발행등의 방법으로 이용할 수 있다. 〈개정 2011. 12. 2.〉

[제60조에서 이동 , 종전 제59조는 제58조의2로 이동 〈2011. 12. 2.〉]

[제목개정 2011. 12. 2.]

제60조(배타적발행권의 소멸통지) ①저작재산권자는 배타적발행권자가 제58조제1항 또는 제2항을 위반한 경우에는 6개월 이상의 기간을 정하여 그 이행을 최고하고 그 기간 내에 이행하지 아니하는 때

에는 배타적발행권의 소멸을 통지할 수 있다. 〈개정 2011. 12. 2., 2021. 5. 18., 2023. 8. 8.〉

②저작재산권자는 배타적발행권자가 그 저작물을 발행등의 방법으로 이용하는 것이 불가능하거나 이용할 의사가 없음이 명백한 경우에는 제1항에도 불구하고 즉시 배타적발행권의 소멸을 통지할 수 있다. 〈개정 2011. 12. 2., 2023. 8. 8.〉

③제1항 또는 제2항에 따라 배타적발행권의 소멸을 통지한 경우에는 배타적발행권자가 통지를 받은 때에 배타적발행권이 소멸한 것으로 본다. 〈개정 2011. 12. 2., 2023. 8. 8.〉

④제3항의 경우에 저작재산권자는 배타적발행권자에 대하여 언제든지 원상회복을 청구하거나 발행등을 중지함으로 인한 손해의 배상을 청구할 수 있다. 〈개정 2011. 12. 2.〉

[제61조에서 이동 , 종전 제60조는 제59조로 이동 〈2011. 12. 2.〉]

[제목개정 2011. 12. 2., 2023. 8. 8.]

제61조(배타적발행권 소멸 후의 복제물의 배포) 배타적발행권이 그 존속기간의 만료 그 밖의 사유로 소멸된 경우에는 그 배타적발행권을 가지고 있던 자는 다음 각 호의 어느 하나에 해당하는 경우를 제외하고는 그 배타적발행권의 존속기간 중 만들어진 복제물을 배포할 수 없다. 〈개정 2011. 12. 2.〉

1. 배타적발행권 설정행위에 특약이 있는 경우

2. 배타적발행권의 존속기간 중 저작재산권자에게 그 저작물의 발행에 따른 대가를 지급하고 그 대가에 상응하는 부수의 복제물을 배포하는 경우

[제62조에서 이동 , 종전 제61조는 제60조로 이동 〈2011. 12. 2.〉]

[제목개정 2011. 12. 2.]

제62조(배타적발행권의 양도 · 제한 등) ① 배타적발행권자는 저작재산권자의 동의 없이 배타적발행권을 양도하거나 또는 질권의 목적으로 할 수 없다.

② 배타적발행권의 목적으로 되어 있는 저작물의 복제 등에 관하여는 제23조, 제24조, 제25조제1항부터 제5항까지, 제26조부터 제28조까지, 제30조부터 제33조까지, 제35조제2항 및 제3항, 제35조의2부터 제35조의5까지, 제36조 및 제37조를 준용한다. 〈개정 2019. 11. 26., 2020. 2. 4.〉

[전문개정 2011. 12. 2.]

[제63조에서 이동, 종전 제62조는 제61조로 이동 〈2011. 12. 2.〉]

제7절의2 출판에 관한 특례 〈신설 2011. 12. 2.〉

제63조(출판권의 설정) ① 저작물을 복제·배포할 권리를 가진 자(이하 "복제권자"라 한다)는 그 저작물을 인쇄 그 밖에 이와 유사한 방법으로 문서 또는 도화로 발행하고자 하는 자에 대하여 이를 출판할 권리(이하 "출판권"이라 한다)를 설정할 수 있다.

② 제1항에 따라 출판권을 설정받은 자(이하 "출판권자"라 한다)는 그 설정행위에서 정하는 바에 따라 그 출판권의 목적인 저작물을 원작 그대로 출판할 권리를 가진다.

③ 복제권자는 그 저작물의 복제권을 목적으로 하는 질권이 설정되어 있는 경우에는 그 질권자의 허락이 있어야 출판권을 설정할 수 있다.

[본조신설 2011. 12. 2.]

[종전 제63조는 제62조로 이동 〈2011. 12. 2.〉]

제63조의2(준용) 제58조부터 제62조까지는 출판권에 관하여 준용한다. 이 경우 "배타적발행권"은 "출판권"으로, "저작재산권자"는 "복제권자"로 본다.

[본조신설 2011. 12. 2.]

제3장 저작인접권

제1절 통칙

제64조(보호받는 실연·음반·방송) ①다음 각 호 각 목의 어느 하

나에 해당하는 실연·음반 및 방송은 이 법에 따른 보호를 받는다. 〈개정 2011. 12. 2., 2021. 5. 18., 2023. 8. 8.〉

1. 실연

가. 대한민국 국민(대한민국 법률에 따라 설립된 법인 및 대한민국 내에 주된 사무소가 있는 외국법인을 포함한다. 이하 같다)이 행하는 실연

나. 대한민국이 가입 또는 체결한 조약에 따라 보호되는 실연

다. 제2호 각 목의 음반에 고정된 실연

라. 제3호 각 목의 방송에 의하여 송신되는 실연(송신 전에 녹음 또는 녹화되어 있는 실연은 제외한다)

2. 음반

가. 대한민국 국민을 음반제작자로 하는 음반

나. 음이 맨 처음 대한민국 내에서 고정된 음반

다. 대한민국이 가입 또는 체결한 조약에 따라 보호되는 음반으로서 조약체결국 내에서 최초로 고정된 음반

라. 대한민국이 가입 또는 체결한 조약에 따라 보호되는 음반으로서 조약체결국의 국민(해당 조약체결국의 법률에 따라 설립된 법인 및 해당 조약체결국 내에 주된 사무소가 있는 법인을 포함한다)을 음반제작자로 하는 음반

3. 방송

가. 대한민국 국민인 방송사업자의 방송

나. 대한민국 내에 있는 방송설비로부터 행하여지는 방송

다. 대한민국이 가입 또는 체결한 조약에 따라 보호되는 방송으로서 조약체결국의 국민인 방송사업자가 해당 조약체결국 내에 있는 방송설비로부터 행하는 방송

② 제1항에 따라 보호되는 외국인의 실연·음반 및 방송이라도 그 외국에서 보호기간이 만료된 경우에는 이 법에 따른 보호기간을 인정하지 아니한다. 〈신설 2011. 12. 2.〉

제64조의2(실연자 등의 추정) 이 법에 따라 보호되는 실연·음반·방송과 관련하여 실연자, 음반제작자 또는 방송사업자로서의 실명

또는 널리 알려진 이명이 일반적인 방법으로 표시된 자는 실연자, 음반제작자 또는 방송사업자로서 그 실연·음반·방송에 대하여 각각 실연자의 권리, 음반제작자의 권리 또는 방송사업자의 권리를 가지는 것으로 추정한다.

[본조신설 2011. 6. 30.]

제65조(저작권과의 관계) 이 장 각 조의 규정은 저작권에 영향을 미치는 것으로 해석되어서는 아니 된다.

제2절 실연자의 권리

제66조(성명표시권) ①실연자는 그의 실연 또는 실연의 복제물에 그의 실명 또는 이명을 표시할 권리를 가진다.

②실연을 이용하는 자는 그 실연자의 특별한 의사표시가 없는 때에는 실연자가 그의 실명 또는 이명을 표시한 바에 따라 이를 표시하여야 한다. 다만, 실연의 성질이나 그 이용의 목적 및 형태 등에 비추어 부득이하다고 인정되는 경우에는 그러하지 아니하다.

제67조(동일성유지권) 실연자는 그의 실연의 내용과 형식의 동일성을 유지할 권리를 가진다. 다만, 실연의 성질이나 그 이용의 목적 및 형태 등에 비추어 부득이하다고 인정되는 경우에는 그러하지 아니한다.

제68조(실연자의 인격권의 일신전속성) 제66조 및 제67조에 규정된 권리(이하 "실연자의 인격권"이라 한다)는 실연자 일신에 전속한다.

제69조(복제권) 실연자는 그의 실연을 복제할 권리를 가진다.

제70조(배포권) 실연자는 그의 실연의 복제물을 배포할 권리를 가진다. 다만, 실연의 복제물이 실연자의 허락을 받아 판매 등의 방법으로 거래에 제공된 경우에는 그러하지 아니하다.

제71조(대여권) 실연자는 제70조 단서에도 불구하고 그의 실연이 녹음된 상업용 음반을 영리를 목적으로 대여할 권리를 가진다. 〈개정 2016. 3. 22., 2021. 5. 18.〉

제72조(공연권) 실연자는 그의 고정되지 아니한 실연을 공연할 권리를 가진다. 다만, 그 실연이 방송되는 실연인 경우에는 그러하지 아

니하다.

제73조(방송권) 실연자는 그의 실연을 방송할 권리를 가진다. 다만, 실연자의 허락을 받아 녹음된 실연에 대하여는 그러하지 아니하다.

제74조(전송권) 실연자는 그의 실연을 전송할 권리를 가진다.

제75조(방송사업자의 실연자에 대한 보상) ①방송사업자가 실연이 녹음된 상업용 음반을 사용하여 방송하는 경우에는 상당한 보상금을 그 실연자에게 지급하여야 한다. 다만, 실연자가 외국인인 경우에 그 외국에서 대한민국 국민인 실연자에게 이 항의 규정에 따른 보상금을 인정하지 아니하는 때에는 그러하지 아니하다. 〈개정 2016. 3. 22.〉

② 제1항에 따른 보상금의 지급 등에 관하여는 제25조제7항부터 제11항까지의 규정을 준용한다. 〈개정 2020. 2. 4.〉

③제2항의 규정에 따른 단체가 보상권리자를 위하여 청구할 수 있는 보상금의 금액은 매년 그 단체와 방송사업자가 협의하여 정한다.

④제3항에 따른 협의가 성립되지 아니하는 경우에 그 단체 또는 방송사업자는 대통령령으로 정하는 바에 따라 위원회에 조정을 신청할 수 있다. 〈개정 2009. 4. 22., 2020. 2. 4.〉

제76조(디지털음성송신사업자의 실연자에 대한 보상) ①디지털음성송신사업자가 실연이 녹음된 음반을 사용하여 송신하는 경우에는 상당한 보상금을 그 실연자에게 지급하여야 한다.

② 제1항에 따른 보상금의 지급 등에 관하여는 제25조제7항부터 제11항까지의 규정을 준용한다. 〈개정 2020. 2. 4.〉

③제2항의 규정에 따른 단체가 보상권리자를 위하여 청구할 수 있는 보상금의 금액은 매년 그 단체와 디지털음성송신사업자가 대통령령으로 정하는 기간 내에 협의하여 정한다. 〈개정 2021. 5. 18.〉

④제3항의 규정에 따른 협의가 성립되지 아니한 경우에는 문화체육관광부장관이 정하여 고시하는 금액을 지급한다. 〈개정 2008. 2. 29.〉

제76조의2(상업용 음반을 사용하여 공연하는 자의 실연자에 대한 보상) ① 실연이 녹음된 상업용 음반을 사용하여 공연을 하는 자는

상당한 보상금을 그 실연자에게 지급하여야 한다. 다만, 실연자가 외국인인 경우에 그 외국에서 대한민국 국민인 실연자에게 이 항의 규정에 따른 보상금을 인정하지 아니하는 때에는 그러하지 아니하다. 〈개정 2016. 3. 22.〉

② 제1항에 따른 보상금의 지급 및 금액 등에 관하여는 제25조제7항부터 제11항까지 및 제76조제3항·제4항을 준용한다. 〈개정 2020. 2. 4.〉

[본조신설 2009. 3. 25.]

[제목개정 2016. 3. 22.]

제77조(공동실연자) ①2명 이상이 공동으로 합창·합주 또는 연극등을 실연하는 경우에 이 절에 규정된 실연자의 권리(실연자의 인격권은 제외한다)는 공동으로 실연하는 자가 선출하는 대표자가 이를 행사한다. 다만, 대표자의 선출이 없는 경우에는 지휘자 또는 연출자 등이 이를 행사한다. 〈개정 2021. 5. 18.〉

②제1항의 규정에 따라 실연자의 권리를 행사하는 경우에 독창 또는 독주가 함께 실연된 때에는 독창자 또는 독주자의 동의를 얻어야 한다.

③제15조의 규정은 공동실연자의 인격권 행사에 관하여 준용한다.

제3절 음반제작자의 권리

제78조(복제권) 음반제작자는 그의 음반을 복제할 권리를 가진다.

제79조(배포권) 음반제작자는 그의 음반을 배포할 권리를 가진다. 다만, 음반의 복제물이 음반제작자의 허락을 받아 판매 등의 방법으로 거래에 제공된 경우에는 그러하지 아니하다.

제80조(대여권) 음반제작자는 제79조 단서에도 불구하고 상업용 음반을 영리를 목적으로 대여할 권리를 가진다. 〈개정 2016. 3. 22., 2021. 5. 18.〉

제81조(전송권) 음반제작자는 그의 음반을 전송할 권리를 가진다.

제82조(방송사업자의 음반제작자에 대한 보상) ①방송사업자가 상업용 음반을 사용하여 방송하는 경우에는 상당한 보상금을 그 음반제

작자에게 지급하여야 한다. 다만, 음반제작자가 외국인인 경우에 그 외국에서 대한민국 국민인 음반제작자에게 이 항의 규정에 따른 보상금을 인정하지 아니하는 때에는 그러하지 아니하다. 〈개정 2016. 3. 22.〉

② 제1항에 따른 보상금의 지급 및 금액 등에 관하여는 제25조제7항부터 제11항까지 및 제75조제3항·제4항을 준용한다. 〈개정 2020. 2. 4.〉

제83조(디지털음성송신사업자의 음반제작자에 대한 보상) ①디지털음성송신사업자가 음반을 사용하여 송신하는 경우에는 상당한 보상금을 그 음반제작자에게 지급하여야 한다.

② 제1항에 따른 보상금의 지급 및 금액 등에 관하여는 제25조제7항부터 제11항까지 및 제76조제3항·제4항을 준용한다. 〈개정 2020. 2. 4.〉

제83조의2(상업용 음반을 사용하여 공연하는 자의 음반제작자에 대한 보상) ① 상업용 음반을 사용하여 공연을 하는 자는 상당한 보상금을 해당 음반제작자에게 지급하여야 한다. 다만, 음반제작자가 외국인인 경우에 그 외국에서 대한민국 국민인 음반제작자에게 이 항의 규정에 따른 보상금을 인정하지 아니하는 때에는 그러하지 아니하다. 〈개정 2016. 3. 22.〉

② 제1항에 따른 보상금의 지급 및 금액 등에 관하여는 제25조제7항부터 제11항까지 및 제76조제3항·제4항을 준용한다. 〈개정 2020. 2. 4.〉

[본조신설 2009. 3. 25.]

[제목개정 2016. 3. 22.]

제4절 방송사업자의 권리

제84조(복제권) 방송사업자는 그의 방송을 복제할 권리를 가진다.

제85조(동시중계방송권) 방송사업자는 그의 방송을 동시중계방송할 권리를 가진다.

제85조의2(공연권) 방송사업자는 공중의 접근이 가능한 장소에서 방

송의 시청과 관련하여 입장료를 받는 경우에 그 방송을 공연할 권리를 가진다.

[본조신설 2011. 6. 30.]

제5절 저작인접권의 보호기간

제86조(보호기간) ①저작인접권은 다음 각 호의 어느 하나에 해당하는 때부터 발생하며, 어떠한 절차나 형식의 이행을 필요로 하지 아니한다. 〈개정 2011. 12. 2.〉

1. 실연의 경우에는 그 실연을 한 때
2. 음반의 경우에는 그 음을 맨 처음 음반에 고정한 때
3. 방송의 경우에는 그 방송을 한 때

②저작인접권(실연자의 인격권은 제외한다. 이하 같다)은 다음 각 호의 어느 하나에 해당하는 때의 다음 해부터 기산하여 70년(방송의 경우에는 50년)간 존속한다. 〈개정 2011. 12. 2., 2023. 8. 8.〉

1. 실연의 경우에는 그 실연을 한 때. 다만, 실연을 한 때부터 50년 이내에 실연이 고정된 음반이 발행된 경우에는 음반을 발행한 때
2. 음반의 경우에는 그 음반을 발행한 때. 다만, 음을 음반에 맨 처음 고정한 때의 다음 해부터 기산하여 50년이 지난 때까지 음반을 발행하지 아니한 경우에는 음을 음반에 맨 처음 고정한 때
3. 방송의 경우에는 그 방송을 한 때

제6절 저작인접권의 제한·양도·행사 등

제87조(저작인접권의 제한) ① 저작인접권의 목적이 된 실연·음반 또는 방송의 이용에 관하여는 제23조, 제24조, 제25조제1항부터 제5항까지, 제26조부터 제32조까지, 제33조제2항, 제34조, 제35조의2부터 제35조의5까지, 제36조 및 제37조를 준용한다. 〈개정 2011. 12. 2., 2019. 11. 26., 2020. 2. 4.〉

② 디지털음성송신사업자는 제76조제1항 및 제83조제1항에 따라 실연이 녹음된 음반을 사용하여 송신하는 경우에는 자체의 수단으로 실연이 녹음된 음반을 일시적으로 복제할 수 있다. 이 경우 복제물의

보존기간에 관하여는 제34조제2항을 준용한다. 〈신설 2009. 4. 22.〉

제88조(저작인접권의 양도ㆍ행사 등) 저작인접권의 양도에 관하여는 제45조제1항을, 실연ㆍ음반 또는 방송의 이용허락에 관하여는 제46조를, 저작인접권을 목적으로 하는 질권의 행사에 관하여는 제47조를, 저작인접권의 소멸에 관하여는 제49조를, 실연ㆍ음반 또는 방송의 배타적발행권의 설정 등에 관하여는 제57조부터 제62조까지의 규정을 각각 준용한다.

[전문개정 2011. 12. 2.]

제89조(실연ㆍ음반 및 방송이용의 법정허락) 제50조부터 제52조까지는 실연ㆍ음반 및 방송의 이용에 관하여 준용한다. 〈개정 2023. 8. 8.〉

제90조(저작인접권의 등록) 저작인접권 또는 저작인접권의 배타적발행권의 등록, 변경등록등에 관하여는 제53조부터 제55조까지 및 제55조의2부터 제55조의5까지의 규정을 준용한다. 이 경우 제55조, 제55조의2 및 제55조의3 중 "저작권등록부"는 "저작인접권등록부"로 본다.

[전문개정 2020. 2. 4.]

제4장 데이터베이스제작자의 보호

제91조(보호받는 데이터베이스) ①다음 각 호의 어느 하나에 해당하는 자의 데이터베이스는 이 법에 따른 보호를 받는다.

1. 대한민국 국민
2. 데이터베이스의 보호와 관련하여 대한민국이 가입 또는 체결한 조약에 따라 보호되는 외국인

②제1항의 규정에 따라 보호되는 외국인의 데이터베이스라도 그 외국에서 대한민국 국민의 데이터베이스를 보호하지 아니하는 경우에는 그에 상응하게 조약 및 이 법에 따른 보호를 제한할 수 있다.

제92조(적용 제외) 다음 각 호의 어느 하나에 해당하는 데이터베이스에 대하여는 이 장의 규정을 적용하지 아니한다.

1. 데이터베이스의 제작ㆍ갱신등 또는 운영에 이용되는 컴퓨터프

로그램
2. 무선 또는 유선통신을 기술적으로 가능하게 하기 위하여 제작되거나 갱신등이 되는 데이터베이스

제93조(데이터베이스제작자의 권리) ①데이터베이스제작자는 그의 데이터베이스의 전부 또는 상당한 부분을 복제·배포·방송 또는 전송(이하 이 조에서 "복제등"이라 한다)할 권리를 가진다.

②데이터베이스의 개별 소재는 제1항에 따른 해당 데이터베이스의 상당한 부분으로 간주되지 아니한다. 다만, 데이터베이스의 개별 소재 또는 그 상당한 부분에 이르지 못하는 부분의 복제등이라 하더라도 반복적이거나 특정한 목적을 위하여 체계적으로 함으로써 해당 데이터베이스의 일반적인 이용과 충돌하거나 데이터베이스제작자의 이익을 부당하게 해치는 경우에는 해당 데이터베이스의 상당한 부분의 복제등으로 본다. 〈개정 2021. 5. 18., 2023. 8. 8.〉

③이 장에 따른 보호는 데이터베이스의 구성부분이 되는 소재의 저작권 그 밖에 이 법에 따라 보호되는 권리에 영향을 미치지 아니한다.

④이 장에 따른 보호는 데이터베이스의 구성부분이 되는 소재 그 자체에는 미치지 아니한다.

제94조(데이터베이스제작자의 권리제한) ① 데이터베이스제작자의 권리의 목적이 되는 데이터베이스의 이용에 관하여는 제23조, 제28조부터 제34조까지, 제35조의2, 제35조의4, 제35조의5, 제36조 및 제37조를 준용한다. 〈개정 2011. 12. 2., 2019. 11. 26.〉

②다음 각 호의 어느 하나에 해당하는 경우에는 누구든지 데이터베이스의 전부 또는 그 상당한 부분을 복제·배포·방송 또는 전송할 수 있다. 다만, 해당 데이터베이스의 일반적인 이용과 저촉되는 경우에는 그러하지 아니하다. 〈개정 2021. 5. 18., 2023. 8. 8.〉

1. 교육·학술 또는 연구를 위하여 이용하는 경우. 다만, 영리를 목적으로 하는 경우에는 그러하지 아니하다.
2. 시사보도를 위하여 이용하는 경우

제95조(보호기간) ①데이터베이스제작자의 권리는 데이터베이스의

제작을 완료한 때부터 발생하며, 그 다음 해부터 기산하여 5년간 존속한다.

②데이터베이스의 갱신등을 위하여 인적 또는 물적으로 상당한 투자가 이루어진 경우에 해당 부분에 대한 데이터베이스제작자의 권리는 그 갱신등을 한 때부터 발생하며, 그 다음 해부터 기산하여 5년간 존속한다. 〈개정 2021. 5. 18.〉

제96조(데이터베이스제작자의 권리의 양도·행사 등) 데이터베이스의 거래제공에 관하여는 제20조 단서를, 데이터베이스제작자의 권리의 양도에 관하여는 제45조제1항을, 데이터베이스의 이용허락에 관하여는 제46조를, 데이터베이스제작자의 권리를 목적으로 하는 질권의 행사에 관하여는 제47조를, 공동데이터베이스의 데이터베이스제작자의 권리행사에 관하여는 제48조를, 데이터베이스제작자의 권리의 소멸에 관하여는 제49조를, 데이터베이스의 배타적발행권의 설정 등에 관하여는 제57조부터 제62조까지의 규정을 각각 준용한다.

[전문개정 2011. 12. 2.]

제97조(데이터베이스 이용의 법정허락) 제50조 및 제51조의 규정은 데이터베이스의 이용에 관하여 준용한다.

제98조(데이터베이스제작자의 권리의 등록) 데이터베이스제작자의 권리 및 데이터베이스제작자 권리의 배타적발행권 등록, 변경등록등에 관하여는 제53조부터 제55조까지 및 제55조의2부터 제55조의5까지의 규정을 준용한다. 이 경우 제55조, 제55조의2 및 제55조의3 중 "저작권등록부"는 "데이터베이스제작자권리등록부"로 본다.

[전문개정 2020. 2. 4.]

제5장 영상저작물에 관한 특례

제99조(저작물의 영상화) ①저작재산권자가 저작물의 영상화를 다른 사람에게 허락한 경우에 특약이 없는 때에는 다음 각 호의 권리를 포함하여 허락한 것으로 추정한다.

1. 영상저작물을 제작하기 위하여 저작물을 각색하는 것
2. 공개상영을 목적으로 한 영상저작물을 공개상영하는 것

3. 방송을 목적으로 한 영상저작물을 방송하는 것
4. 전송을 목적으로 한 영상저작물을 전송하는 것
5. 영상저작물을 그 본래의 목적으로 복제·배포하는 것
6. 영상저작물의 번역물을 그 영상저작물과 같은 방법으로 이용하는 것

②저작재산권자는 그 저작물의 영상화를 허락한 경우에 특약이 없는 때에는 허락한 날부터 5년이 지난 때에 그 저작물을 다른 영상저작물로 영상화하는 것을 허락할 수 있다. 〈개정 2023. 8. 8.〉

제100조(영상저작물에 대한 권리) ①영상제작자와 영상저작물의 제작에 협력할 것을 약정한 자가 그 영상저작물에 대하여 저작권을 취득한 경우 특약이 없으면 그 영상저작물의 이용을 위하여 필요한 권리는 영상제작자가 이를 양도 받은 것으로 추정한다. 〈개정 2023. 8. 8.〉

②영상저작물의 제작에 사용되는 소설·각본·미술저작물 또는 음악저작물 등의 저작재산권은 제1항의 규정으로 인하여 영향을 받지 아니한다.

③영상제작자와 영상저작물의 제작에 협력할 것을 약정한 실연자의 그 영상저작물의 이용에 관한 제69조의 규정에 따른 복제권, 제70조의 규정에 따른 배포권, 제73조의 규정에 따른 방송권 및 제74조의 규정에 따른 전송권은 특약이 없으면 영상제작자가 이를 양도 받은 것으로 추정한다. 〈개정 2023. 8. 8.〉

제101조(영상제작자의 권리) ①영상제작물의 제작에 협력할 것을 약정한 자로부터 영상제작자가 양도 받는 영상저작물의 이용을 위하여 필요한 권리는 영상저작물을 복제·배포·공개상영·방송·전송 그 밖의 방법으로 이용할 권리로 하며, 이를 양도하거나 질권의 목적으로 할 수 있다.

②실연자로부터 영상제작자가 양도 받는 권리는 그 영상저작물을 복제·배포·방송 또는 전송할 권리로 하며, 이를 양도하거나 질권의 목적으로 할 수 있다.

제5장의2 프로그램에 관한 특례 〈신설 2009. 4. 22.〉

제101조의2(보호의 대상) 프로그램을 작성하기 위하여 사용하는 다음 각 호의 사항에는 이 법을 적용하지 아니한다.

1. 프로그램 언어: 프로그램을 표현하는 수단으로서 문자·기호 및 그 체계
2. 규약: 특정한 프로그램에서 프로그램 언어의 용법에 관한 특별한 약속
3. 해법: 프로그램에서 지시·명령의 조합방법

[본조신설 2009. 4. 22.]

제101조의3(프로그램의 저작재산권의 제한) ① 다음 각 호의 어느 하나에 해당하는 경우에는 그 목적을 위하여 필요한 범위에서 공표된 프로그램을 복제 또는 배포할 수 있다. 다만, 프로그램의 종류·용도, 프로그램에서 복제된 부분이 차지하는 비중 및 복제의 부수 등에 비추어 프로그램의 저작재산권자의 이익을 부당하게 해치는 경우에는 그러하지 아니하다. 〈개정 2020. 2. 4., 2021. 5. 18., 2023. 8. 8.〉

1. 재판 또는 수사를 위하여 복제하는 경우

1의2. 제119조제1항제2호에 따른 감정을 위하여 복제하는 경우

2. 「유아교육법」, 「초·중등교육법」, 「고등교육법」에 따른 학교 및 다른 법률에 따라 설립된 교육기관(초등학교·중학교 또는 고등학교를 졸업한 것과 같은 수준의 학력이 인정되거나 학위를 수여하는 교육기관으로 한정한다)에서 교육을 담당하는 자가 수업과정에 제공할 목적으로 복제 또는 배포하는 경우
3. 「초·중등교육법」에 따른 학교 및 이에 준하는 학교의 교육목적을 위한 교과용 도서에 게재하기 위하여 복제하는 경우
4. 가정과 같은 한정된 장소에서 개인적인 목적(영리를 목적으로 하는 경우는 제외한다)으로 복제하는 경우
5. 「초·중등교육법」, 「고등교육법」에 따른 학교 및 이에 준하는 학교의 입학시험이나 그 밖의 학식 및 기능에 관한 시험 또는 검정을 목적(영리를 목적으로 하는 경우는 제외한다)으로 복제 또는 배

포하는 경우

6. 프로그램의 기초를 이루는 아이디어 및 원리를 확인하기 위하여 프로그램의 기능을 조사·연구·시험할 목적으로 복제하는 경우(정당한 권한에 따라 프로그램을 이용하는 자가 해당 프로그램을 이용 중인 경우로 한정한다)

② 컴퓨터의 유지·보수를 위하여 그 컴퓨터를 이용하는 과정에서 프로그램(정당하게 취득한 경우로 한정한다)을 일시적으로 복제할 수 있다. 〈신설 2011. 12. 2., 2021. 5. 18.〉

③ 제1항제3호에 따라 프로그램을 교과용 도서에 게재하려는 자는 문화체육관광부장관이 정하여 고시하는 기준에 따른 보상금을 해당 저작재산권자에게 지급하여야 한다. 이 경우 보상금 지급에 관하여는 제25조제7항부터 제11항까지의 규정을 준용한다. 〈개정 2011. 12. 2., 2020. 2. 4.〉

[본조신설 2009. 4. 22.]

제101조의4(프로그램코드역분석) ① 정당한 권한에 의하여 프로그램을 이용하는 자 또는 그의 허락을 받은 자는 호환에 필요한 정보를 쉽게 얻을 수 없고 그 획득이 불가피한 경우에는 해당 프로그램의 호환에 필요한 부분에 한정하여 프로그램의 저작재산권자의 허락을 받지 아니하고 프로그램코드역분석을 할 수 있다. 〈개정 2023. 8. 8.〉

② 제1항에 따른 프로그램코드역분석을 통하여 얻은 정보는 다음 각 호의 어느 하나에 해당하는 경우에는 이를 이용할 수 없다.

1. 호환 목적 외의 다른 목적을 위하여 이용하거나 제3자에게 제공하는 경우

2. 프로그램코드역분석의 대상이 되는 프로그램과 표현이 실질적으로 유사한 프로그램을 개발·제작·판매하거나 그 밖에 프로그램의 저작권을 침해하는 행위에 이용하는 경우

[본조신설 2009. 4. 22.]

제101조의5(정당한 이용자에 의한 보존을 위한 복제 등) ① 프로그램의 복제물을 정당한 권한에 의하여 소지·이용하는 자는 그 복제

물의 멸실·훼손 또는 변질 등에 대비하기 위하여 필요한 범위에서 해당 복제물을 복제할 수 있다.

② 프로그램의 복제물을 소지·이용하는 자는 해당 프로그램의 복제물을 소지·이용할 권리를 상실한 때에는 그 프로그램의 저작재산권자의 특별한 의사표시가 없으면 제1항에 따라 복제한 것을 폐기하여야 한다. 다만, 프로그램의 복제물을 소지·이용할 권리가 해당 복제물이 멸실됨으로 인하여 상실된 경우에는 그러하지 아니하다. 〈개정 2023. 8. 8.〉

[본조신설 2009. 4. 22.]

제101조의6 삭제 〈2011. 12. 2.〉

제101조의7(프로그램의 임치) ① 프로그램의 저작재산권자와 프로그램의 이용허락을 받은 자는 대통령령으로 정하는 자(이하 이 조에서 “수치인”이라 한다)와 서로 합의하여 프로그램의 원시코드 및 기술정보 등을 수치인에게 임치할 수 있다.

② 프로그램의 이용허락을 받은 자는 제1항에 따른 합의에서 정한 사유가 발생한 때에 수치인에게 프로그램의 원시코드 및 기술정보 등의 제공을 요구할 수 있다.

[본조신설 2009. 4. 22.]

제6장 온라인서비스제공자의 책임 제한

제102조(온라인서비스제공자의 책임 제한) ① 온라인서비스제공자는 다음 각 호의 행위와 관련하여 저작권, 그 밖에 이 법에 따라 보호되는 권리가 침해되더라도 그 호의 분류에 따라 각 목의 요건을 모두 갖춘 경우에는 그 침해에 대하여 책임을 지지 아니한다. 〈개정 2011. 6. 30., 2011. 12. 2., 2020. 2. 4.〉

1. 내용의 수정 없이 저작물등을 송신하거나 경로를 지정하거나 연결을 제공하는 행위 또는 그 과정에서 저작물등을 그 송신을 위하여 합리적으로 필요한 기간 내에서 자동적·중개적·일시적으로 저장하는 행위

가. 온라인서비스제공자가 저작물등의 송신을 시작하지 아니한

경우

나. 온라인서비스제공자가 저작물등이나 그 수신자를 선택하지 아니한 경우

다. 저작권, 그 밖에 이 법에 따라 보호되는 권리를 반복적으로 침해하는 자의 계정(온라인서비스제공자가 이용자를 식별 · 관리하기 위하여 사용하는 이용권한 계좌를 말한다. 이하 이 조, 제103조의2, 제133조의2 및 제133조의3에서 같다)을 해지하는 방침을 채택하고 이를 합리적으로 이행한 경우

라. 저작물등을 식별하고 보호하기 위한 기술조치로서 대통령령으로 정하는 조건을 충족하는 표준적인 기술조치를 권리자가 이용한 때에는 이를 수용하고 방해하지 아니한 경우

2. 서비스이용자의 요청에 따라 송신된 저작물등을 후속 이용자들이 효율적으로 접근하거나 수신할 수 있게 할 목적으로 그 저작물등을 자동적 · 중개적 · 일시적으로 저장하는 행위

가. 제1호 각 목의 요건을 모두 갖춘 경우

나. 온라인서비스제공자가 그 저작물등을 수정하지 아니한 경우

다. 제공되는 저작물등에 접근하기 위한 조건이 있는 경우에는 그 조건을 지킨 이용자에게만 임시저장된 저작물등의 접근을 허용한 경우

라. 저작물등을 복제 · 전송하는 자(이하 "복제 · 전송자"라 한다)가 명시한, 컴퓨터나 정보통신망에 대하여 그 업계에서 일반적으로 인정되는 데이터통신규약에 따른 저작물등의 현행화에 관한 규칙을 지킨 경우. 다만, 복제 · 전송자가 그러한 저장을 불합리하게 제한할 목적으로 현행화에 관한 규칙을 정한 경우에는 그러하지 아니한다.

마. 저작물등이 있는 본래의 사이트에서 그 저작물등의 이용에 관한 정보를 얻기 위하여 적용한, 그 업계에서 일반적으로 인정되는 기술의 사용을 방해하지 아니한 경우

바. 제103조제1항에 따른 복제 · 전송의 중단요구를 받은 경우, 본래의 사이트에서 그 저작물등이 삭제되었거나 접근할 수 없게 된 경우, 또는 법원, 관계 중앙행정기관의 장이 그 저작물등을 삭제하

거나 접근할 수 없게 하도록 명령을 내린 사실을 실제로 알게 된 경우에 그 저작물등을 즉시 삭제하거나 접근할 수 없게 한 경우

3. 복제·전송자의 요청에 따라 저작물등을 온라인서비스제공자의 컴퓨터에 저장하는 행위 또는 정보검색도구를 통하여 이용자에게 정보통신망상 저작물등의 위치를 알 수 있게 하거나 연결하는 행위

가. 제1호 각 목의 요건을 모두 갖춘 경우

나. 온라인서비스제공자가 침해행위를 통제할 권한과 능력이 있을 때에는 그 침해행위로부터 직접적인 금전적 이익을 얻지 아니한 경우

다. 온라인서비스제공자가 침해를 실제로 알게 되거나 제103조제1항에 따른 복제·전송의 중단요구 등을 통하여 침해가 명백하다는 사실 또는 정황을 알게 된 때에 즉시 그 저작물등의 복제·전송을 중단시킨 경우

라. 제103조제4항에 따라 복제·전송의 중단요구 등을 받을 자를 지정하여 공지한 경우

4. 삭제 〈2020. 2. 4.〉

② 제1항에도 불구하고 온라인서비스제공자가 제1항에 따른 조치를 취하는 것이 기술적으로 불가능한 경우에는 다른 사람에 의한 저작물등의 복제·전송으로 인한 저작권, 그 밖에 이 법에 따라 보호되는 권리의 침해에 대하여 책임을 지지 아니한다. 〈개정 2011. 6. 30.〉

③ 제1항에 따른 책임 제한과 관련하여 온라인서비스제공자는 자신의 서비스 안에서 침해행위가 일어나는지를 모니터링하거나 그 침해행위에 관하여 적극적으로 조사할 의무를 지지 아니한다. 〈신설 2011. 6. 30.〉

제103조(복제·전송의 중단) ①온라인서비스제공자(제102조제1항제1호의 경우는 제외한다. 이하 이 조에서 같다)의 서비스를 이용한 저작물등의 복제·전송에 따라 저작권, 그 밖에 이 법에 따라 보호되는 자신의 권리가 침해됨을 주장하는 자(이하 이 조에서 "권리주장자"라 한다)는 그 사실을 소명하여 온라인서비스제공자에게 그 저

작물등의 복제·전송을 중단시킬 것을 요구할 수 있다. 〈개정 2011. 6. 30.〉

② 온라인서비스제공자는 제1항에 따른 복제·전송의 중단요구를 받은 경우에는 즉시 그 저작물등의 복제·전송을 중단시키고 권리주장자에게 그 사실을 통보하여야 한다. 다만, 제102조제1항제3호의 온라인서비스제공자는 그 저작물등의 복제·전송자에게도 이를 통보하여야 한다. 〈개정 2011. 6. 30., 2020. 2. 4.〉

③제2항에 따른 통보를 받은 복제·전송자가 자신의 복제·전송이 정당한 권리에 의한 것임을 소명하여 그 복제·전송의 재개를 요구하는 경우 온라인서비스제공자는 재개요구사실 및 재개예정일을 권리주장자에게 지체 없이 통보하고 그 예정일에 복제·전송을 재개시켜야 한다. 다만, 권리주장자가 복제·전송자의 침해행위에 대하여 소를 제기한 사실을 재개예정일 전에 온라인서비스제공자에게 통보한 경우에는 그러하지 아니하다. 〈개정 2011. 12. 2.〉

④온라인서비스제공자는 제1항 및 제3항의 규정에 따른 복제·전송의 중단 및 그 재개의 요구를 받을 자(이하 이 조에서 “수령인”이라 한다)를 지정하여 자신의 설비 또는 서비스를 이용하는 자들이 쉽게 알 수 있도록 공지하여야 한다.

⑤온라인서비스제공자가 제4항에 따른 공지를 하고 제2항과 제3항에 따라 그 저작물등의 복제·전송을 중단시키거나 재개시킨 경우에는 다른 사람에 의한 저작권 그 밖에 이 법에 따라 보호되는 권리의 침해에 대한 온라인서비스제공자의 책임 및 복제·전송자에게 발생하는 손해에 대한 온라인서비스제공자의 책임을 면제한다. 다만, 이 항의 규정은 온라인서비스제공자가 다른 사람에 의한 저작물등의 복제·전송으로 인하여 그 저작권 그 밖에 이 법에 따라 보호되는 권리가 침해된다는 사실을 안 때부터 제1항에 따른 중단을 요구받기 전까지 발생한 책임에는 적용하지 아니한다. 〈개정 2011. 6. 30., 2011. 12. 2.〉

⑥정당한 권리 없이 제1항 및 제3항의 규정에 따른 그 저작물등의 복제·전송의 중단이나 재개를 요구하는 자는 그로 인하여 발생

하는 손해를 배상하여야 한다.

⑦제1항부터 제4항까지의 규정에 따른 소명, 중단, 통보, 복제·전송의 재개, 수령인의 지정 및 공지 등에 관하여 필요한 사항은 대통령령으로 정한다. 이 경우 문화체육관광부장관은 관계중앙행정기관의 장과 미리 협의하여야 한다. 〈개정 2008. 2. 29., 2011. 6. 30.〉

제103조의2(온라인서비스제공자에 대한 법원 명령의 범위) ① 법원은 제102조제1항제1호에 따른 요건을 충족한 온라인서비스제공자에게 제123조제3항에 따라 필요한 조치를 명하는 경우에는 다음 각 호의 조치만을 명할 수 있다.

1. 특정 계정의 해지
2. 특정 해외 인터넷 사이트에 대한 접근을 막기 위한 합리적 조치

② 법원은 제102조제1항제2호 및 제3호의 요건을 충족한 온라인서비스제공자에게 제123조제3항에 따라 필요한 조치를 명하는 경우에는 다음 각 호의 조치만을 명할 수 있다. 〈개정 2020. 2. 4.〉

1. 불법복제물의 삭제
2. 불법복제물에 대한 접근을 막기 위한 조치
3. 특정 계정의 해지
4. 그 밖에 온라인서비스제공자에게 최소한의 부담이 되는 범위에서 법원이 필요하다고 판단하는 조치

[본조신설 2011. 12. 2.]

제103조의3(복제·전송자에 관한 정보 제공의 청구) ① 권리주장자가 민사상의 소제기 및 형사상의 고소를 위하여 해당 온라인서비스제공자에게 그 온라인서비스제공자가 가지고 있는 해당 복제·전송자의 성명과 주소 등 필요한 최소한의 정보 제공을 요청하였으나 온라인서비스제공자가 이를 거절한 경우 권리주장자는 문화체육관광부장관에게 해당 온라인서비스제공자에 대하여 그 정보의 제공을 명령하여 줄 것을 청구할 수 있다.

② 문화체육관광부장관은 제1항에 따른 청구가 있으면 제122조의6에 따른 저작권보호심의위원회의 심의를 거쳐 온라인서비스제공자

에게 해당 복제·전송자의 정보를 제출하도록 명할 수 있다. 〈개정 2016. 3. 22.〉

③ 온라인서비스제공자는 제2항의 명령을 받은 날부터 7일 이내에 그 정보를 문화체육관광부장관에게 제출하여야 하며, 문화체육관광부장관은 그 정보를 제1항에 따른 청구를 한 자에게 지체 없이 제공하여야 한다.

④ 제3항에 따라 해당 복제·전송자의 정보를 제공받은 자는 해당 정보를 제1항의 청구 목적 외의 용도로 사용하여서는 아니 된다.

⑤ 그 밖에 복제·전송자에 관한 정보의 제공에 필요한 사항은 대통령령으로 정한다.

[본조신설 2011. 12. 2.]

제104조(특수한 유형의 온라인 서비스제공자의 의무 등) ①다른 사람들 상호 간에 컴퓨터를 이용하여 저작물등을 전송하도록 하는 것을 주된 목적으로 하는 온라인서비스제공자(이하 "특수한 유형의 온라인서비스제공자"라 한다)는 권리자의 요청이 있는 경우 해당 저작물등의 불법적인 전송을 차단하는 기술적인 조치 등 필요한 조치를 하여야 한다. 이 경우 권리자의 요청 및 필요한 조치에 관한 사항은 대통령령으로 정한다. 〈개정 2009. 4. 22.〉

②문화체육관광부장관은 제1항의 규정에 따른 특수한 유형의 온라인서비스제공자의 범위를 정하여 고시할 수 있다. 〈개정 2008. 2. 29.〉

③ 문화체육관광부장관은 제1항에 따른 기술적인 조치 등 필요한 조치의 이행 여부를 정보통신망을 통하여 확인하여야 한다. 〈신설 2020. 2. 4.〉

④ 문화체육관광부장관은 제3항에 따른 업무를 대통령령으로 정하는 기관 또는 단체에 위탁할 수 있다. 〈신설 2020. 2. 4.〉

제6장의2 기술적 보호조치의 무력화 금지 등 〈신설 2011. 6. 30.〉

제104조의2(기술적 보호조치의 무력화 금지) ① 누구든지 정당한

권한 없이 고의 또는 과실로 제2조제28호가목의 기술적 보호조치를 제거·변경하거나 우회하는 등의 방법으로 무력화하여서는 아니 된다. 다만, 다음 각 호의 어느 하나에 해당하는 경우에는 그러하지 아니하다. 〈개정 2020. 2. 4., 2021. 5. 18., 2024. 2. 27.〉

1. 암호 분야의 연구에 종사하는 자가 저작물등의 복제물을 정당하게 취득하여 저작물등에 적용된 암호 기술의 결함이나 취약점을 연구하기 위하여 필요한 범위에서 행하는 경우. 다만, 권리자로부터 연구에 필요한 이용을 허락받기 위하여 상당한 노력을 하였으나 허락을 받지 못한 경우로 한정한다.

2. 미성년자에게 유해한 온라인상의 저작물등에 미성년자가 접근하는 것을 방지하기 위하여 기술·제품·서비스 또는 장치에 기술적 보호조치를 무력화하는 구성요소나 부품을 포함하는 경우. 다만, 제2항에 따라 금지되지 아니하는 경우로 한정한다.

3. 개인의 온라인상의 행위를 파악할 수 있는 개인 식별 정보를 비공개적으로 수집·유포하는 기능을 확인하고, 이를 무력화하기 위하여 필요한 경우. 다만, 다른 사람들이 저작물등에 접근하는 것에 영향을 미치는 경우는 제외한다.

4. 국가의 법집행, 합법적인 정보수집 또는 안전보장 등을 위하여 필요한 경우

5. 제25조제3항 및 제4항에 따른 학교·교육기관·교육훈련기관 및 수업지원기관, 제31조제1항에 따른 도서관(비영리인 경우로 한정한다) 또는 「공공기록물 관리에 관한 법률」에 따른 기록물관리기관이 저작물등의 구입 여부를 결정하기 위하여 필요한 경우. 다만, 기술적 보호조치를 무력화하지 아니하고는 접근할 수 없는 경우로 한정한다.

6. 정당한 권한을 가지고 프로그램을 사용하는 자가 다른 프로그램과의 호환을 위하여 필요한 범위에서 프로그램코드역분석을 하는 경우

7. 정당한 권한을 가진 자가 오로지 컴퓨터 또는 정보통신망의 보안성을 검사·조사 또는 보정하기 위하여 필요한 경우

8. 기술적 보호조치의 무력화 금지에 의하여 특정 종류의 저작물 등을 정당하게 이용하는 것이 불합리하게 영향을 받거나 받을 가능성이 있다고 인정되어 대통령령으로 정하는 절차에 따라 문화체육관광부장관이 정하여 고시하는 경우. 이 경우 그 예외의 효력은 3년으로 한다.

② 누구든지 정당한 권한 없이 다음과 같은 장치, 제품 또는 부품을 제조, 수입, 배포, 전송, 판매, 대여, 공중에 대한 청약, 판매나 대여를 위한 광고, 또는 유통을 목적으로 보관 또는 소지하거나, 서비스를 제공하여서는 아니 된다.

1. 기술적 보호조치의 무력화를 목적으로 홍보, 광고 또는 판촉되는 것

2. 기술적 보호조치를 무력화하는 것 외에는 제한적으로 상업적인 목적 또는 용도만 있는 것

3. 기술적 보호조치를 무력화하는 것을 가능하게 하거나 용이하게 하는 것을 주된 목적으로 고안, 제작, 개조되거나 기능하는 것

③ 제2항에도 불구하고 다음 각 호의 어느 하나에 해당하는 경우에는 그러하지 아니하다.

1. 제2조제28호가목의 기술적 보호조치와 관련하여 제1항제1호·제2호·제4호·제6호 및 제7호에 해당하는 경우

2. 제2조제28호나목의 기술적 보호조치와 관련하여 제1항제4호 및 제6호에 해당하는 경우

[본조신설 2011. 6. 30.]

제104조의3(권리관리정보의 제거·변경 등의 금지) ① 누구든지 정당한 권한 없이 저작권, 그 밖에 이 법에 따라 보호되는 권리의 침해를 유발 또는 은닉한다는 사실을 알거나 과실로 알지 못하고 다음 각 호의 어느 하나에 해당하는 행위를 하여서는 아니 된다. 〈개정 2011. 12. 2.〉

1. 권리관리정보를 고의로 제거·변경하거나 거짓으로 부가하는 행위

2. 권리관리정보가 정당한 권한 없이 제거 또는 변경되었다는 사

실을 알면서 그 권리관리정보를 배포하거나 배포할 목적으로 수입하는 행위

3. 권리관리정보가 정당한 권한 없이 제거·변경되거나 거짓으로 부가된 사실을 알면서 해당 저작물등의 원본이나 그 복제물을 배포·공연 또는 공중송신하거나 배포를 목적으로 수입하는 행위

② 제1항은 국가의 법집행, 합법적인 정보수집 또는 안전보장 등을 위하여 필요한 경우에는 적용하지 아니한다.

[본조신설 2011. 6. 30.]

제104조의4(암호화된 방송 신호의 무력화 등의 금지) 누구든지 다음 각 호의 어느 하나에 해당하는 행위를 하여서는 아니 된다.

1. 암호화된 방송 신호를 방송사업자의 허락 없이 복호화(復號化)하는 데에 주로 사용될 것을 알거나 과실로 알지 못하고, 그러한 목적을 가진 장치·제품·주요부품 또는 프로그램 등 유·무형의 조치를 제조·조립·변경·수입·수출·판매·임대하거나 그 밖의 방법으로 전달하는 행위. 다만, 제104조의2제1항제1호·제2호 또는 제4호에 해당하는 경우에는 그러하지 아니하다.

2. 암호화된 방송 신호가 정당한 권한에 의하여 복호화된 경우 그 사실을 알고 그 신호를 방송사업자의 허락 없이 영리를 목적으로 다른 사람에게 공중송신하는 행위

3. 암호화된 방송 신호가 방송사업자의 허락없이 복호화된 것임을 알면서 그러한 신호를 수신하여 청취 또는 시청하거나 다른 사람에게 공중송신하는 행위

[본조신설 2011. 12. 2.]

[종전 제104조의4는 제104조의8로 이동 〈2011. 12. 2.〉]

제104조의5(라벨 위조 등의 금지) 누구든지 정당한 권한 없이 다음 각 호의 어느 하나에 해당하는 행위를 하여서는 아니 된다.

1. 저작물등의 라벨을 불법복제물이나 그 문서 또는 포장에 부착·동봉 또는 첨부하기 위하여 위조하거나 그러한 사실을 알면서 배포 또는 배포할 목적으로 소지하는 행위

2. 저작물등의 권리자나 권리자의 동의를 받은 자로부터 허락을

받아 제작한 라벨을 그 허락 범위를 넘어 배포하거나 그러한 사실을 알면서 다시 배포 또는 다시 배포할 목적으로 소지하는 행위

3. 저작물등의 적법한 복제물과 함께 배포되는 문서 또는 포장을 불법복제물에 사용하기 위하여 위조하거나 그러한 사실을 알면서 위조된 문서 또는 포장을 배포하거나 배포할 목적으로 소지하는 행위

[본조신설 2011. 12. 2.]

제104조의6(영상저작물 녹화 등의 금지) 누구든지 저작권으로 보호되는 영상저작물을 상영 중인 영화상영관등에서 저작재산권자의 허락 없이 녹화기기를 이용하여 녹화하거나 공중송신하여서는 아니 된다.

[본조신설 2011. 12. 2.]

제104조의7(방송전 신호의 송신 금지) 누구든지 정당한 권한 없이 방송사업자에게로 송신되는 신호(공중이 직접 수신하도록 할 목적의 경우에는 제외한다)를 제3자에게 송신하여서는 아니된다.

[본조신설 2011. 12. 2.]

제104조의8(침해의 정지·예방 청구 등) 저작권, 그 밖에 이 법에 따라 보호되는 권리를 가진 자는 제104조의2부터 제104조의4까지의 규정을 위반한 자에 대하여 침해의 정지·예방, 손해배상의 담보 또는 손해배상이나 이를 갈음하는 법정손해배상의 청구를 할 수 있으며, 고의 또는 과실 없이 제104조의2제1항의 행위를 한 자에 대하여는 침해의 정지·예방을 청구할 수 있다. 이 경우 제123조, 제125조, 제125조의2, 제126조 및 제129조를 준용한다. 〈개정 2011. 12. 2.〉

[본조신설 2011. 6. 30.]

[제104조의4에서 이동 〈2011. 12. 2.〉]

제7장 저작권위탁관리업

제105조(저작권위탁관리업의 허가 등) ①저작권신탁관리업을 하고자 하는 자는 대통령령으로 정하는 바에 따라 문화체육관광부장관의 허가를 받아야 하며, 저작권대리중개업을 하고자 하는 자는 대통령령으로 정하는 바에 따라 문화체육관광부장관에게 신고하여야 한다.

다만, 문화체육관광부장관은 「공공기관의 운영에 관한 법률」에 따른 공공기관을 저작권신탁관리단체로 지정할 수 있다. 〈개정 2008. 2. 29., 2016. 3. 22., 2021. 5. 18.〉

②제1항에 따라 저작권신탁관리업을 하고자 하는 자는 다음 각 호의 요건을 갖추어야 하며, 대통령령으로 정하는 바에 따라 저작권신탁관리업무규정을 작성하여 이를 저작권신탁관리허가신청서와 함께 문화체육관광부장관에게 제출하여야 한다. 다만, 제1항 단서에 따른 공공기관의 경우에는 제1호의 요건을 적용하지 아니한다. 〈개정 2008. 2. 29., 2016. 3. 22., 2020. 2. 4.〉

1. 저작물등에 관한 권리자로 구성된 단체일 것

2. 영리를 목적으로 하지 아니할 것

3. 사용료의 징수 및 분배 등의 업무를 수행하기에 충분한 능력이 있을 것

③ 제1항 본문에 따라 저작권대리중개업의 신고를 하려는 자는 대통령령으로 정하는 바에 따라 저작권대리중개업무규정을 작성하여 저작권대리중개업 신고서와 함께 문화체육관광부장관에게 제출하여야 한다. 〈신설 2020. 2. 4.〉

④ 제1항에 따라 저작권신탁관리업의 허가를 받은 자가 문화체육관광부령으로 정하는 중요 사항을 변경하고자 하는 경우에는 문화체육관광부령으로 정하는 바에 따라 문화체육관광부장관의 변경허가를 받아야 하며, 저작권대리중개업을 신고한 자가 신고한 사항을 변경하려는 경우에는 문화체육관광부령으로 정하는 바에 따라 문화체육관광부장관에게 변경신고를 하여야 한다. 〈신설 2020. 2. 4.〉

⑤ 문화체육관광부장관은 제1항 본문에 따른 저작권대리중개업의 신고 또는 제4항에 따른 저작권대리중개업의 변경신고를 받은 날부터 문화체육관광부령으로 정하는 기간 내에 신고·변경신고 수리 여부를 신고인에게 통지하여야 한다. 〈신설 2020. 2. 4.〉

⑥ 문화체육관광부장관이 제5항에서 정한 기간 내에 신고·변경신고 수리 여부나 민원 처리 관련 법령에 따른 처리기간의 연장을 신고인에게 통지하지 아니하면 그 기간이 끝난 날의 다음 날에 신

고·변경신고를 수리한 것으로 본다. 〈신설 2020. 2. 4.〉

⑦다음 각 호의 어느 하나에 해당하는 자는 제1항에 따른 저작권신탁관리업 또는 저작권대리중개업(이하 "저작권위탁관리업"이라 한다)의 허가를 받거나 신고를 할 수 없다. 〈개정 2017. 3. 21., 2020. 2. 4., 2020. 12. 8.〉

1. 피성년후견인
2. 파산선고를 받고 복권되지 아니한 자
3. 금고 이상의 실형을 선고받고 그 집행이 종료(집행이 종료된 것으로 보는 경우를 포함한다)되거나 집행이 면제된 날부터 1년이 지나지 아니한 자
4. 금고 이상의 형의 집행유예 선고를 받고 그 유예기간 중에 있는 자
5. 이 법을 위반하거나 「형법」 제355조 또는 제356조를 위반하여 다음 각 목의 어느 하나에 해당하는 자
   가. 금고 이상의 형의 선고유예를 받고 그 유예기간 중에 있는 자
   나. 벌금형을 선고받고 1년이 지나지 아니한 자
6. 대한민국 내에 주소를 두지 아니한 자
7. 제1호부터 제6호까지의 어느 하나에 해당하는 사람이 대표자 또는 임원으로 되어 있는 법인 또는 단체

⑧제1항에 따라 저작권위탁관리업의 허가를 받거나 신고를 한 자(이하 "저작권위탁관리업자"라 한다)는 그 업무에 관하여 저작재산권자나 그 밖의 관계자로부터 수수료를 받을 수 있다. 〈개정 2020. 2. 4.〉

⑨제8항에 따른 수수료의 요율 또는 금액 및 저작권신탁관리업자가 이용자로부터 받는 사용료의 요율 또는 금액은 저작권신탁관리업자가 문화체육관광부장관의 승인을 받아 이를 정한다. 이 경우 문화체육관광부장관은 대통령령으로 정하는 바에 따라 이해관계인의 의견을 수렴하여야 한다. 〈개정 2008. 2. 29., 2016. 3. 22., 2020. 2. 4.〉

⑩문화체육관광부장관은 제9항에 따른 승인을 하려면 위원회의 심의를 거쳐야 하며, 필요한 경우에는 기간을 정하거나 신청된 내용을 수정하여 승인할 수 있다. 〈개정 2008. 2. 29., 2009. 4. 22., 2020. 2. 4.〉

⑪문화체육관광부장관은 제9항에 따른 사용료의 요율 또는 금액에 관하여 승인 신청을 받거나 승인을 한 경우에는 대통령령으로 정하는 바에 따라 그 내용을 공고하여야 한다. 〈개정 2008. 2. 29., 2020. 2. 4.〉

⑫문화체육관광부장관은 저작재산권자 그 밖의 관계자의 권익보호 또는 저작물등의 이용 편의를 도모하기 위하여 필요한 경우에는 제9항에 따른 승인 내용을 변경할 수 있다. 〈개정 2008. 2. 29., 2020. 2. 4.〉

제106조(저작권신탁관리업자의 의무) ①저작권신탁관리업자는 그가 관리하는 저작물등의 목록과 이용계약 체결에 필요한 정보를 대통령령으로 정하는 바에 따라 분기별로 도서 또는 전자적 형태로 작성하여 주된 사무소에 비치하고 인터넷 홈페이지를 통하여 공개하여야 한다. 〈개정 2019. 11. 26., 2021. 5. 18.〉

②저작권신탁관리업자는 이용자가 서면으로 요청하는 경우에는 정당한 사유가 없으면 관리하는 저작물등의 이용계약을 체결하기 위하여 필요한 정보로서 대통령령으로 정하는 정보를 상당한 기간 이내에 서면으로 제공하여야 한다. 〈개정 2023. 8. 8.〉

③ 문화체육관광부장관은 음반을 사용하여 공연하는 자로부터 제105조제9항에 따른 사용료를 받는 저작권신탁관리업자 및 상업용 음반을 사용하여 공연하는 자로부터 제76조의2와 제83조의2에 따라 징수하는 보상금수령단체에 이용자의 편의를 위하여 필요한 경우 대통령령으로 정하는 바에 따라 통합 징수를 요구할 수 있다. 이 경우 그 요구를 받은 저작권신탁관리업자 및 보상금수령단체는 정당한 사유가 없으면 이에 따라야 한다. 〈신설 2016. 3. 22., 2020. 2. 4., 2023. 8. 8.〉

④ 저작권신탁관리업자 및 보상금수령단체는 제3항에 따라 사용

료 및 보상금을 통합적으로 징수하기 위한 징수업무를 대통령령으로 정하는 자에게 위탁할 수 있다. 〈신설 2016. 3. 22.〉

⑤ 저작권신탁관리업자 및 보상금수령단체가 제4항에 따라 징수업무를 위탁한 경우에는 대통령령으로 정하는 바에 따라 위탁수수료를 지급하여야 한다. 〈신설 2016. 3. 22.〉

⑥ 제3항에 따라 징수한 사용료와 보상금의 정산 시기, 정산 방법 등에 관하여 필요한 사항은 대통령령으로 정한다. 〈신설 2016. 3. 22.〉

⑦ 저작권신탁관리업자는 다음 각 호의 사항을 대통령령으로 정하는 바에 따라 누구든지 열람할 수 있도록 주된 사무소에 비치하고 인터넷 홈페이지를 통하여 공개하여야 한다. 〈신설 2019. 11. 26.〉

1. 저작권 신탁계약 및 저작물 이용계약 약관, 저작권 사용료 징수 및 분배규정 등 저작권신탁관리 업무규정

2. 임원보수 등 대통령령으로 정하는 사항을 기재한 연도별 사업보고서

3. 연도별 저작권신탁관리업에 대한 결산서(재무제표와 그 부속서류를 포함한다)

4. 저작권신탁관리업에 대한 감사의 감사보고서

5. 그 밖에 권리자의 권익보호 및 저작권신탁관리업의 운영에 관한 중요한 사항으로서 대통령령으로 정하는 사항

제106조의2(이용허락의 거부금지) 저작권신탁관리업자는 정당한 이유가 없으면 관리하는 저작물등의 이용허락을 거부해서는 아니 된다.

[본조신설 2019. 11. 26.]

제107조(서류열람의 청구) 저작권신탁관리업자는 그가 신탁관리하는 저작물등을 영리목적으로 이용하는 자에게 해당 저작물등의 사용료 산정에 필요한 서류의 열람을 청구할 수 있다. 이 경우 이용자는 정당한 사유가 없으면 그 청구를 따라야 한다. 〈개정 2021. 5. 18., 2023. 8. 8.〉

제108조(감독) ①문화체육관광부장관은 저작권위탁관리업자에게 저

작권위탁관리업의 업무에 관하여 필요한 보고를 하게 할 수 있다. 〈개정 2008. 2. 29.〉

②문화체육관광부장관은 저작자의 권익보호와 저작물의 이용편의를 도모하기 위하여 저작권위탁관리업자의 업무에 대하여 필요한 명령을 할 수 있다. 〈개정 2008. 2. 29.〉

③ 문화체육관광부장관은 저작자의 권익보호와 저작물의 이용편의를 도모하기 위하여 필요한 경우 소속 공무원으로 하여금 대통령령으로 정하는 바에 따라 저작권위탁관리업자의 사무 및 재산상황을 조사하게 할 수 있다. 〈신설 2019. 11. 26.〉

④ 문화체육관광부장관은 저작권위탁관리업자의 효율적 감독을 위하여 공인회계사나 그 밖의 관계 전문기관으로 하여금 제3항에 따른 조사를 하게 할 수 있다. 〈신설 2019. 11. 26.〉

⑤ 문화체육관광부장관은 제2항부터 제4항까지의 명령 및 조사를 위하여 개인정보 등 필요한 자료를 요청할 수 있으며, 요청을 받은 저작권위탁관리업자는 이에 따라야 한다. 〈신설 2019. 11. 26.〉

제108조의2(징계의 요구) 문화체육관광부장관은 저작권신탁관리업자의 대표자 또는 임원이 직무와 관련하여 다음 각 호의 어느 하나에 해당하는 경우에는 저작권신탁관리업자에게 해당 대표자 또는 임원의 징계를 요구할 수 있다.

1. 이 법 또는 「형법」 제355조 또는 제356조를 위반하여 벌금형 이상을 선고받아(집행유예를 선고받은 경우를 포함한다) 그 형이 확정된 경우

2. 회계부정, 부당행위 등으로 저작재산권, 그 밖에 이 법에 따라 보호되는 재산적 권리를 가진 자에게 손해를 끼친 경우

3. 이 법에 따른 문화체육관광부장관의 감독업무 수행을 방해하거나 기피하는 경우

[본조신설 2019. 11. 26.]

제109조(허가의 취소 등) ①문화체육관광부장관은 저작권위탁관리업자가 다음 각 호의 어느 하나에 해당하는 경우에는 6개월 이내의 기간을 정하여 업무의 정지를 명할 수 있다. 〈개정 2008. 2. 29.,

2016. 3. 22., 2019. 11. 26., 2020. 2. 4., 2021. 5. 18.〉

1. 제105조제9항의 규정에 따라 승인된 수수료를 초과하여 받은 경우

2. 제105조제9항의 규정에 따라 승인된 사용료 이외의 사용료를 받은 경우

3. 제108조제1항에 따른 보고를 정당한 사유 없이 하지 아니하거나 거짓으로 한 경우

4. 제108조제2항의 규정에 따른 명령을 받고 정당한 사유 없이 이를 이행하지 아니한 경우

5. 제106조제3항에 따른 통합 징수 요구를 받고 정당한 사유 없이 이에 따르지 아니한 경우

6. 제106조제7항에 따라 공개하여야 하는 사항을 공개하지 않은 경우

7. 제108조제3항부터 제5항까지의 규정에 따른 조사 및 자료요청에 불응하거나 이를 거부·방해 또는 기피한 경우

8. 제108조의2에 따른 징계의 요구를 받고 정당한 사유 없이 그 요구를 이행하지 아니한 경우

9. 허가를 받거나 신고를 한 이후에 제105조제7항 각 호의 어느 하나의 사유에 해당하게 된 경우. 다만, 제105조제7항제7호에 해당하는 경우로서 6개월 이내에 그 대표자 또는 임원을 바꾸어 임명한 경우에는 그러하지 아니하다.

②문화체육관광부장관은 저작권위탁관리업자가 다음 각 호의 어느 하나에 해당하는 경우에는 저작권위탁관리업의 허가를 취소하거나 영업의 폐쇄명령을 할 수 있다. 〈개정 2008. 2. 29., 2023. 8. 8.〉

1. 거짓이나 그 밖의 부정한 방법으로 허가를 받거나 신고를 한 경우

2. 제1항의 규정에 따른 업무의 정지명령을 받고 그 업무를 계속한 경우

제110조(청문) 문화체육관광부장관은 제109조에 따라 저작권위탁관리업의 허가를 취소하거나 저작권위탁관리업자에 대하여 업무의 정

지 또는 영업의 폐쇄를 명하려는 경우에는 청문을 실시하여야 한다. 〈개정 2008. 2. 29., 2020. 2. 4.〉

제111조(과징금 처분) ①문화체육관광부장관은 저작권위탁관리업자가 제109조제1항 각 호의 어느 하나에 해당하여 업무의 정지처분을 하여야 할 때에는 그 업무정지처분을 갈음하여 대통령령으로 정하는 바에 따라 직전년도 사용료 및 보상금 징수액의 100분의 1 이하의 과징금을 부과·징수할 수 있다. 다만, 징수금액을 산정하기 어려운 경우에는 10억원을 초과하지 아니하는 범위에서 과징금을 부과·징수할 수 있다. 〈개정 2008. 2. 29., 2016. 3. 22., 2023. 8. 8.〉

②문화체육관광부장관은 제1항에 따라 과징금 부과처분을 받은 자가 과징금을 기한까지 납부하지 아니하는 때에는 국세체납처분의 예에 의하여 이를 징수한다. 〈개정 2008. 2. 29., 2016. 3. 22., 2023. 8. 8.〉

③제1항 및 제2항에 따라 징수한 과징금은 징수주체가 건전한 저작물 이용 질서의 확립을 위하여 사용할 수 있다. 〈개정 2016. 3. 22.〉

④제1항에 따라 과징금을 부과하는 위반행위의 종별·정도 등에 따른 과징금의 금액 및 제3항의 규정에 따른 과징금의 사용절차 등에 관하여 필요한 사항은 대통령령으로 정한다. 〈개정 2016. 3. 22.〉

제8장 한국저작권위원회 〈개정 2009. 4. 22.〉

제112조(한국저작권위원회의 설립) ① 저작권과 그 밖에 이 법에 따라 보호되는 권리(이하 이 장에서 “저작권”이라 한다)에 관한 사항을 심의하고, 저작권에 관한 분쟁(이하 “분쟁”이라 한다)을 알선·조정하며, 저작권 등록 관련 업무를 수행하고, 권리자의 권익증진 및 저작물등의 공정한 이용에 필요한 사업을 수행하기 위하여 한국저작권위원회(이하 “위원회”라 한다)를 둔다. 〈개정 2016. 3. 22., 2020. 2. 4.〉

② 위원회는 법인으로 한다.

③ 위원회에 관하여 이 법에서 정하지 아니한 사항에 대하여는 「민법」의 재단법인에 관한 규정을 준용한다. 이 경우 위원회의 위원

은 이사로 본다.

④ 위원회가 아닌 자는 한국저작권위원회의 명칭을 사용하지 못한다.

[전문개정 2009. 4. 22.]

제112조의2(위원회의 구성) ① 위원회는 위원장 1명, 부위원장 2명을 포함한 20명 이상 25명 이내의 위원으로 구성한다.

② 위원은 다음 각 호의 사람 중에서 문화체육관광부장관이 위촉하며, 위원장과 부위원장은 위원 중에서 호선한다. 이 경우 문화체육관광부장관은 이 법에 따라 보호되는 권리의 보유자와 그 이용자의 이해를 반영하는 위원의 수가 균형을 이루도록 하여야 하며, 분야별 권리자 단체 또는 이용자 단체 등에 위원의 추천을 요청할 수 있다. 〈개정 2021. 5. 18., 2023. 8. 8.〉

1. 대학이나 공인된 연구기관에서 부교수 이상 또는 이에 상응하는 직위에 있거나 있었던 사람으로서 저작권 관련 분야를 전공한 사람

2. 판사 또는 검사의 직에 있는 사람 및 변호사의 자격이 있는 사람

3. 4급 이상의 공무원 또는 이에 상응하는 공공기관의 직에 있거나 있었던 사람으로서 저작권 또는 문화산업 분야에 실무경험이 있는 사람

4. 저작권 또는 문화산업 관련 단체의 임원의 직에 있거나 있었던 사람

5. 그 밖에 저작권 또는 문화산업 관련 업무에 관한 학식과 경험이 풍부한 사람

③ 위원의 임기는 3년으로 하며, 한 차례만 연임할 수 있다. 다만, 직위를 지정하여 위촉하는 위원의 임기는 해당 직위에 재임하는 기간으로 한다. 〈개정 2021. 5. 18.〉

④ 위원에 결원이 생겼을 때에는 제2항에 따라 보궐위원을 위촉하여야 하며, 그 보궐위원의 임기는 전임자 임기의 나머지 기간으로 한다. 다만, 위원의 수가 20명 이상인 경우에는 보궐위원을 위촉하지 아니할 수 있다.

⑤ 위원회의 업무를 효율적으로 수행하기 위하여 분야별로 분과위원회를 둘 수 있다. 분과위원회가 위원회로부터 위임받은 사항에 관하여 의결한 때에는 위원회가 의결한 것으로 본다.

⑥ 제1항부터 제5항까지에서 규정한 사항 외에 위원회의 구성과 운영에 필요한 사항은 대통령령으로 정한다. 〈신설 2021. 5. 18.〉

[본조신설 2009. 4. 22.]

제113조(업무) 위원회는 다음 각 호의 업무를 행한다. 〈개정 2008. 2. 29., 2009. 4. 22., 2020. 2. 4., 2020. 12. 8., 2021. 5. 18.〉

1. 저작권 등록에 관한 업무
2. 분쟁의 알선·조정
3. 제105조제10항에 따른 저작권위탁관리업자의 수수료 및 사용료의 요율 또는 금액에 관한 사항 및 문화체육관광부장관 또는 위원 3명 이상이 공동으로 회의에 부치는 사항의 심의
4. 저작물등의 이용질서 확립 및 저작물의 공정한 이용 도모를 위한 사업
5. 저작권 진흥 및 저작자의 권익 증진을 위한 국제협력
6. 저작권 연구·교육 및 홍보
7. 저작권 정책의 수립 지원
8. 기술적보호조치 및 권리관리정보에 관한 정책 수립 지원
9. 저작권 정보 제공을 위한 정보관리 시스템 구축 및 운영
10. 저작권의 침해 등에 관한 감정
11. 삭제 〈2016. 3. 22.〉
12. 법령에 따라 위원회의 업무로 정하거나 위탁하는 업무
13. 그 밖에 문화체육관광부장관이 위탁하는 업무

제113조의2(알선) ① 분쟁에 관한 알선을 받으려는 자는 알선신청서를 위원회에 제출하여 알선을 신청할 수 있다.

② 위원회가 제1항에 따라 알선의 신청을 받은 때에는 위원장이 위원 중에서 알선위원을 지명하여 알선을 하게 하여야 한다.

③ 알선위원은 알선으로는 분쟁해결의 가능성이 없다고 인정되는 경우에 알선을 중단할 수 있다.

④ 알선 중인 분쟁에 대하여 이 법에 따른 조정의 신청이 있는 때에는 해당 알선은 중단된 것으로 본다.

⑤ 알선이 성립한 때에 알선위원은 알선서를 작성하여 관계 당사자와 함께 기명날인하거나 서명하여야 한다. 〈개정 2018. 10. 16.〉

⑥ 알선의 신청 및 절차에 관하여 필요한 사항은 대통령령으로 정한다.

[본조신설 2009. 4. 22.]

제114조(조정부) ①위원회의 분쟁조정업무를 효율적으로 수행하기 위하여 위원회에 1명 또는 3명 이상의 위원으로 구성된 조정부를 두되, 그 중 1명은 변호사의 자격이 있는 사람이어야 한다. 〈개정 2021. 5. 18., 2023. 8. 8.〉

②제1항의 규정에 따른 조정부의 구성 및 운영 등에 관하여 필요한 사항은 대통령령으로 정한다.

제114조의2(조정의 신청 등) ① 분쟁의 조정을 받으려는 자는 신청 취지와 원인을 기재한 조정신청서를 위원회에 제출하여 그 분쟁의 조정을 신청할 수 있다.

② 제1항에 따른 분쟁의 조정은 제114조에 따른 조정부가 행한다.

[본조신설 2009. 4. 22.]

제115조(비공개) 조정절차는 비공개를 원칙으로 한다. 다만, 조정부의 장은 당사자의 동의를 얻어 적당하다고 인정하는 자에게 방청을 허가할 수 있다. 〈개정 2020. 2. 4.〉

제116조(진술의 원용 제한) 조정절차에서 당사자 또는 이해관계인이 한 진술은 소송 또는 중재절차에서 원용하지 못한다.

제117조(조정의 성립) ①조정은 당사자 간에 합의된 사항을 조서에 기재함으로써 성립된다.

② 3명 이상의 위원으로 구성된 조정부는 다음 각 호의 어느 하나에 해당하는 경우 당사자들의 이익이나 그 밖의 모든 사정을 고려하여 신청 취지에 반하지 아니하는 한도에서 직권으로 조정을 갈음하는 결정(이하 "직권조정결정"이라 한다)을 할 수 있다. 이 경우

조정부의 장은 제112조의2제2항제2호에 해당하는 사람이어야 한다. 〈신설 2020. 2. 4.〉

1. 조정부가 제시한 조정안을 어느 한쪽 당사자가 합리적인 이유 없이 거부한 경우

2. 분쟁조정 예정가액이 1천만원 미만인 경우

③ 조정부는 직권조정결정을 한 때에는 직권조정결정서에 주문(主文)과 결정 이유를 적고 이에 관여한 조정위원 모두가 기명날인하여야 하며, 그 결정서 정본을 지체 없이 당사자에게 송달하여야 한다. 〈신설 2020. 2. 4.〉

④ 직권조정결정에 불복하는 자는 결정서 정본을 송달받은 날부터 2주일 이내에 불복사유를 구체적으로 밝혀 서면으로 조정부에 이의신청을 할 수 있다. 이 경우 그 결정은 효력을 상실한다. 〈신설 2020. 2. 4.〉

⑤다음 각 호의 어느 하나에 해당하는 경우에는 재판상의 화해와 동일한 효력이 있다. 다만, 당사자가 임의로 처분할 수 없는 사항에 관한 것은 그러하지 아니하다. 〈개정 2020. 2. 4.〉

1. 조정 결과 당사자 간에 합의가 성립한 경우

2. 직권조정결정에 대하여 이의 신청이 없는 경우

제118조(조정비용 등) ①조정비용은 신청인이 부담한다. 다만, 조정이 성립된 경우로서 특약이 없는 때에는 당사자 각자가 균등하게 부담한다.

② 조정의 신청 및 절차, 조정비용의 납부방법에 관하여 필요한 사항은 대통령령으로 정한다. 〈신설 2009. 4. 22.〉

③제1항의 조정비용의 금액은 위원회가 정한다. 〈개정 2009. 4. 22.〉

[제목개정 2009. 4. 22.]

제118조의2(「민사조정법」의 준용) 조정절차에 관하여 이 법에서 규정한 것을 제외하고는 「민사조정법」을 준용한다.

[본조신설 2020. 2. 4.]

제119조(감정) ① 위원회는 다음 각 호의 어느 하나에 해당하는 경

우에는 감정을 실시할 수 있다. 〈개정 2009. 4. 22.〉

1. 법원 또는 수사기관 등으로부터 재판 또는 수사를 위하여 저작권의 침해 등에 관한 감정을 요청받은 경우

2. 제114조의2에 따른 분쟁조정을 위하여 분쟁조정의 양 당사자로부터 프로그램 및 프로그램과 관련된 전자적 정보 등에 관한 감정을 요청받은 경우

②제1항의 규정에 따른 감정절차 및 방법 등에 관하여 필요한 사항은 대통령령으로 정한다.

③위원회는 제1항의 규정에 따른 감정을 실시한 때에는 감정 수수료를 받을 수 있으며, 그 금액은 위원회가 정한다.

제120조(저작권정보센터) ①제113조제8호 및 제9호의 업무를 효율적으로 수행하기 위하여 위원회 내에 저작권정보센터를 둔다. 〈개정 2009. 4. 22., 2020. 2. 4.〉

② 저작권정보센터의 운영에 필요한 사항은 대통령령으로 정한다. 〈신설 2009. 4. 22.〉

제121조 삭제 〈2009. 4. 22.〉

제122조(운영경비 등) ① 위원회의 운영에 필요한 경비는 다음 각 호의 재원(財源)으로 충당한다. 〈개정 2020. 2. 4.〉

1. 국가의 출연금 또는 보조금

2. 제113조 각 호의 업무 수행에 따른 수입금

3. 그 밖의 수입금

②개인·법인 또는 단체는 제113조제4호·제6호 및 제9호에 따른 업무 수행을 지원하기 위하여 위원회에 금전이나 그 밖의 재산을 기부할 수 있다. 〈개정 2020. 2. 4.〉

③제2항의 규정에 따른 기부금은 별도의 계정으로 관리하여야 하며, 그 사용에 관하여는 문화체육관광부장관의 승인을 얻어야 한다. 〈개정 2008. 2. 29.〉

[제목개정 2020. 2. 4.]

제8장의2 한국저작권보호원 〈신설 2016. 3. 22.〉

제122조의2(한국저작권보호원의 설립) ① 저작권 보호에 관한 사업을 하기 위하여 한국저작권보호원(이하 "보호원"이라 한다)을 둔다.

② 보호원은 법인으로 한다.

③ 정부는 보호원의 설립·시설 및 운영 등에 필요한 경비를 예산의 범위에서 출연 또는 지원할 수 있다.

④ 보호원에 관하여 이 법과 「공공기관의 운영에 관한 법률」에서 정한 것을 제외하고는 「민법」의 재단법인에 관한 규정을 준용한다.

⑤ 이 법에 따른 보호원이 아닌 자는 한국저작권보호원 또는 이와 비슷한 명칭을 사용하지 못한다.

[본조신설 2016. 3. 22.]

제122조의3(보호원의 정관) 보호원의 정관에는 다음 각 호의 사항이 포함되어야 한다. 〈개정 2020. 12. 8.〉

1. 목적
2. 명칭
3. 사무소 및 지사에 관한 사항
4. 임직원에 관한 사항
5. 이사회의 운영에 관한 사항
6. 제122조의6에 따른 저작권보호심의위원회에 관한 사항
7. 직무에 관한 사항
8. 재산 및 회계에 관한 사항
9. 정관의 변경에 관한 사항
10. 내부규정의 제정 및 개정·폐지에 관한 사항

[본조신설 2016. 3. 22.]

제122조의4(보호원의 임원) ① 보호원에는 원장 1명을 포함한 9명 이내의 이사와 감사 1명을 두고, 원장을 제외한 이사 및 감사는 비상임으로 하며, 원장은 이사회의 의장이 된다.

② 원장은 문화체육관광부장관이 임면한다.

③ 원장의 임기는 3년으로 한다.

④ 원장은 보호원을 대표하고, 보호원의 업무를 총괄한다.

⑤ 원장이 부득이한 사유로 직무를 수행할 수 없을 때에는 정관

으로 정하는 순서에 따라 이사가 그 직무를 대행한다.

⑥ 「국가공무원법」 제33조 각 호의 어느 하나에 해당하는 사람은 제1항에 따른 보호원의 임원이 될 수 없다.

[본조신설 2016. 3. 22.]

제122조의5(업무) 보호원의 업무는 다음 각 호와 같다. 〈개정 2020. 12. 8.〉

1. 저작권 보호를 위한 시책 수립지원 및 집행

2. 저작권 침해실태조사 및 통계 작성

3. 저작권 보호 기술의 연구 및 개발

3의2. 저작권 보호를 위한 국제협력

3의3. 저작권 보호를 위한 연구·교육 및 홍보

4. 「사법경찰관리의 직무를 수행할 자와 그 직무범위에 관한 법률」 제5조제26호에 따른 저작권 침해 수사 및 단속 사무 지원

5. 제133조의2에 따른 문화체육관광부장관의 시정명령에 대한 심의

6. 제133조의3에 따른 온라인서비스제공자에 대한 시정권고 및 문화체육관광부장관에 대한 시정명령 요청

7. 법령에 따라 보호원의 업무로 정하거나 위탁하는 업무

8. 그 밖에 문화체육관광부장관이 위탁하는 업무

[본조신설 2016. 3. 22.]

제122조의6(심의위원회의 구성) ① 제103조의3, 제133조의2 및 제133조의3에 따른 심의 및 저작권 보호와 관련하여 보호원의 원장이 요청하거나 심의위원회의 위원장이 회의에 부치는 사항의 심의를 위하여 보호원에 저작권보호심의위원회(이하 "심의위원회"라 한다)를 둔다. 〈개정 2021. 5. 18.〉

② 심의위원회는 위원장 1명을 포함한 15명 이상 20명 이내의 위원으로 구성하되, 이 법에 따라 보호되는 권리 보유자의 이해를 반영하는 위원의 수와 이용자의 이해를 반영하는 위원의 수가 균형을 이루도록 하여야 한다. 〈개정 2016. 12. 20., 2019. 11. 26.〉

③ 심의위원회의 위원장은 위원 중에서 호선한다.

④ 심의위원회의 위원은 다음 각 호의 사람 중에서 문화체육관광부장관이 위촉한다. 이 경우 문화체육관광부장관은 분야별 권리자 단체 또는 이용자 단체 등에 위원의 추천을 요청할 수 있다. 〈개정 2019. 11. 26., 2021. 5. 18.〉

1. 「고등교육법」 제2조에 따른 학교의 법학 또는 저작권 보호와 관련이 있는 분야의 학과에서 부교수 이상 또는 이에 상응하는 직위에 있거나 있었던 사람

2. 판사 또는 검사의 직에 있는 사람 또는 변호사의 자격이 있는 사람

3. 4급 이상의 공무원 또는 이에 상응하는 공공기관의 직에 있거나 있었던 사람으로서 저작권 보호와 관련이 있는 업무에 관한 경험이 있는 사람

4. 저작권 또는 문화산업 관련 단체의 임원의 직에 있거나 있었던 사람

5. 이용자 보호기관 또는 단체의 임원의 직에 있거나 있었던 사람

6. 그 밖에 저작권 보호와 관련된 업무에 관한 학식과 경험이 풍부한 사람

⑤ 심의위원회 위원의 임기는 3년으로 하며, 한 차례만 연임할 수 있다. 〈개정 2019. 11. 26., 2021. 5. 18.〉

⑥ 심의위원회의 업무를 효율적으로 수행하기 위하여 분과위원회를 둘 수 있다. 분과위원회가 심의위원회로부터 위임받은 사항에 관하여 의결한 때에는 심의위원회가 의결한 것으로 본다. 〈신설 2019. 11. 26.〉

⑦ 그 밖에 심의위원회의 구성과 운영에 필요한 사항은 대통령령으로 정한다. 〈개정 2019. 11. 26.〉

[본조신설 2016. 3. 22.]

제122조의7(사무소·지사의 설치 등) 보호원은 그 업무 수행을 위하여 필요하면 정관으로 정하는 바에 따라 국내외의 필요한 곳에 사무소·지사 또는 주재원을 둘 수 있다.

[본조신설 2020. 12. 8.]

제9장 권리의 침해에 대한 구제

제123조(침해의 정지 등 청구) ①저작권 그 밖에 이 법에 따라 보호되는 권리(제25조 · 제31조 · 제75조 · 제76조 · 제76조의2 · 제82조 · 제83조 및 제83조의2의 규정에 따른 보상을 받을 권리는 제외한다. 이하 이 조에서 같다)를 가진 자는 그 권리를 침해하는 자에 대하여 침해의 정지를 청구할 수 있으며, 그 권리를 침해할 우려가 있는 자에 대하여 침해의 예방 또는 손해배상의 담보를 청구할 수 있다. 〈개정 2009. 3. 25., 2023. 8. 8.〉

②저작권 그 밖에 이 법에 따라 보호되는 권리를 가진 자는 제1항의 규정에 따른 청구를 하는 경우에 침해행위에 의하여 만들어진 물건의 폐기나 그 밖의 필요한 조치를 청구할 수 있다.

③제1항 및 제2항의 경우 또는 이 법에 따른 형사의 기소가 있는 때에는 법원은 원고 또는 고소인의 신청에 따라 담보를 제공하거나 제공하지 아니하게 하고, 임시로 침해행위의 정지 또는 침해행위로 말미암아 만들어진 물건의 압류 그 밖의 필요한 조치를 명할 수 있다.

④제3항의 경우에 저작권 그 밖에 이 법에 따라 보호되는 권리의 침해가 없다는 뜻의 판결이 확정된 때에는 신청자는 그 신청으로 인하여 발생한 손해를 배상하여야 한다.

제124조(침해로 보는 행위) ①다음 각 호의 어느 하나에 해당하는 행위는 저작권 그 밖에 이 법에 따라 보호되는 권리의 침해로 본다. 〈개정 2009. 4. 22.〉

1. 수입 시에 대한민국 내에서 만들어졌더라면 저작권 그 밖에 이 법에 따라 보호되는 권리의 침해로 될 물건을 대한민국 내에서 배포할 목적으로 수입하는 행위

2. 저작권 그 밖에 이 법에 따라 보호되는 권리를 침해하는 행위에 의하여 만들어진 물건(제1호의 수입물건을 포함한다)을 그 사실을 알고 배포할 목적으로 소지하는 행위

3. 프로그램의 저작권을 침해하여 만들어진 프로그램의 복제물(제1호에 따른 수입 물건을 포함한다)을 그 사실을 알면서 취득한 자가

이를 업무상 이용하는 행위

②저작자의 명예를 훼손하는 방법으로 저작물을 이용하는 행위는 저작인격권의 침해로 본다. 〈개정 2011. 6. 30.〉

③ 삭제 〈2011. 6. 30.〉

제125조(손해배상의 청구) ①저작재산권 그 밖에 이 법에 따라 보호되는 권리(저작인격권 및 실연자의 인격권은 제외한다)를 가진 자(이하 "저작재산권자등"이라 한다)가 고의 또는 과실로 권리를 침해한 자에 대하여 그 침해행위에 의하여 자기가 받은 손해의 배상을 청구하는 경우에 그 권리를 침해한 자가 그 침해행위에 의하여 이익을 받은 때에는 그 이익의 액을 저작재산권자등이 받은 손해의 액으로 추정한다. 〈개정 2023. 8. 8.〉

②저작재산권자등이 고의 또는 과실로 그 권리를 침해한 자에게 그 침해행위로 자기가 받은 손해의 배상을 청구하는 경우에 그 권리의 행사로 일반적으로 받을 수 있는 금액에 상응하는 액을 저작재산권자등이 받은 손해의 액으로 하여 그 손해배상을 청구할 수 있다. 〈개정 2021. 5. 18., 2023. 8. 8.〉

③제2항에도 불구하고 저작재산권자등이 받은 손해의 액이 제2항에 따른 금액을 초과하는 경우에는 그 초과액에 대해서도 손해배상을 청구할 수 있다. 〈개정 2021. 5. 18.〉

④등록되어 있는 저작권, 배타적발행권(제88조 및 제96조에 따라 준용되는 경우를 포함한다), 출판권, 저작인접권 또는 데이터베이스제작자의 권리를 침해한 자는 그 침해행위에 과실이 있는 것으로 추정한다. 〈개정 2009. 4. 22., 2011. 12. 2.〉

제125조의2(법정손해배상의 청구) ① 저작재산권자등은 고의 또는 과실로 권리를 침해한 자에 대하여 사실심(事實審)의 변론이 종결되기 전에는 실제 손해액이나 제125조 또는 제126조에 따라 정하여지는 손해액을 갈음하여 침해된 각 저작물등마다 1천만원(영리를 목적으로 고의로 권리를 침해한 경우에는 5천만원) 이하의 범위에서 상당한 금액의 배상을 청구할 수 있다.

② 둘 이상의 저작물을 소재로 하는 편집저작물과 2차적저작물은

제1항을 적용하는 경우에는 하나의 저작물로 본다.

③ 저작재산권자등이 제1항에 따른 청구를 하기 위해서는 침해행위가 일어나기 전에 제53조부터 제55조까지의 규정(제90조 및 제98조에 따라 준용되는 경우를 포함한다)에 따라 그 저작물등이 등록되어 있어야 한다.

④ 법원은 제1항의 청구가 있는 경우에 변론의 취지와 증거조사의 결과를 고려하여 제1항의 범위에서 상당한 손해액을 인정할 수 있다.

[본조신설 2011. 12. 2.]

제126조(손해액의 인정) 법원은 손해가 발생한 사실은 인정되나 제125조의 규정에 따른 손해액을 산정하기 어려운 때에는 변론의 취지 및 증거조사의 결과를 참작하여 상당한 손해액을 인정할 수 있다.

제127조(명예회복 등의 청구) 저작자 또는 실연자는 고의 또는 과실로 저작인격권 또는 실연자의 인격권을 침해한 자에 대하여 손해배상을 갈음하거나 손해배상과 함께 명예회복을 위하여 필요한 조치를 청구할 수 있다. 〈개정 2023. 8. 8.〉

제128조(저작자의 사망 후 인격적 이익의 보호) 저작자가 사망한 후에 그 유족(사망한 저작자의 배우자·자·부모·손·조부모 또는 형제자매를 말한다)이나 유언집행자는 해당 저작물에 대하여 제14조제2항을 위반하거나 위반할 우려가 있는 자에 대해서는 제123조에 따른 청구를 할 수 있으며, 고의 또는 과실로 저작인격권을 침해하거나 제14조제2항을 위반한 자에 대해서는 제127조에 따른 명예회복 등의 청구를 할 수 있다. 〈개정 2021. 5. 18.〉

제129조(공동저작물의 권리침해) 공동저작물의 각 저작자 또는 각 저작재산권자는 다른 저작자 또는 다른 저작재산권자의 동의 없이 제123조의 규정에 따른 청구를 할 수 있으며 그 저작재산권의 침해에 관하여 자신의 지분에 관한 제125조의 규정에 따른 손해배상의 청구를 할 수 있다.

제129조의2(정보의 제공) ① 법원은 저작권, 그 밖에 이 법에 따라

보호되는 권리의 침해에 관한 소송에서 당사자의 신청에 따라 증거를 수집하기 위하여 필요하다고 인정되는 경우에는 다른 당사자에 대하여 그가 보유하고 있거나 알고 있는 다음 각 호의 정보를 제공하도록 명할 수 있다.

1. 침해 행위나 불법복제물의 생산 및 유통에 관련된 자를 특정할 수 있는 정보

2. 불법복제물의 생산 및 유통 경로에 관한 정보

② 제1항에도 불구하고 다른 당사자는 다음 각 호의 어느 하나에 해당하는 경우에는 정보의 제공을 거부할 수 있다.

1. 다음 각 목의 어느 하나에 해당하는 자가 공소 제기되거나 유죄판결을 받을 우려가 있는 경우

가. 다른 당사자

나. 다른 당사자의 친족이거나 친족 관계가 있었던 자

다. 다른 당사자의 후견인

2. 영업비밀(「부정경쟁방지 및 영업비밀 보호에 관한 법률」 제2조제2호의 영업비밀을 말한다. 이하 같다) 또는 사생활을 보호하기 위한 경우이거나 그 밖에 정보의 제공을 거부할 수 있는 정당한 사유가 있는 경우

③ 다른 당사자가 정당한 이유 없이 정보제공 명령에 따르지 아니한 경우에는 법원은 정보에 관한 당사자의 주장을 진실한 것으로 인정할 수 있다.

④ 법원은 제2항제2호에 규정된 정당한 사유가 있는지를 판단하기 위하여 필요하다고 인정되는 경우에는 다른 당사자에게 정보를 제공하도록 요구할 수 있다. 이 경우 정당한 사유가 있는지를 판단하기 위하여 정보제공을 신청한 당사자 또는 그의 대리인의 의견을 특별히 들을 필요가 있는 경우 외에는 누구에게도 그 제공된 정보를 공개하여서는 아니 된다.

[본조신설 2011. 12. 2.]

제129조의3(비밀유지명령) ① 법원은 저작권, 그 밖에 이 법에 따라 보호되는 권리(제25조, 제31조, 제75조, 제76조, 제76조의2, 제82

조, 제83조, 제83조의2 및 제101조의3에 따른 보상을 받을 권리는 제외한다. 이하 이 조에서 같다)의 침해에 관한 소송에서 그 당사자가 보유한 영업비밀에 대하여 다음 각 호의 사유를 모두 소명한 경우에는 그 당사자의 신청에 따라 결정으로 다른 당사자, 당사자를 위하여 소송을 대리하는 자, 그 밖에 해당 소송으로 인하여 영업비밀을 알게 된 자에게 해당 영업비밀을 해당 소송의 계속적인 수행 외의 목적으로 사용하거나 해당 영업비밀과 관계된 이 항에 따른 명령을 받은 자 외의 자에게 공개하지 아니할 것을 명할 수 있다. 다만, 그 신청 시까지 다른 당사자, 당사자를 위하여 소송을 대리하는 자, 그 밖에 해당 소송으로 인하여 영업비밀을 알게 된 자가 제1호에 따른 준비서면의 열람 및 증거조사 외의 방법으로 해당 영업비밀을 이미 취득한 경우에는 그러하지 아니하다. 〈개정 2023. 8. 8.〉

1. 이미 제출하였거나 제출하여야 할 준비서면 또는 이미 조사하였거나 조사하여야 할 증거(제129조의2제4항에 따라 제공된 정보를 포함한다)에 영업비밀이 포함되어 있다는 것

2. 제1호의 영업비밀이 해당 소송수행 외의 목적으로 사용되거나 공개되면 당사자의 영업에 지장을 줄 우려가 있어 이를 방지하기 위하여 영업비밀의 사용 또는 공개를 제한할 필요가 있다는 것

② 제1항에 따른 명령(이하 "비밀유지명령"이라 한다)의 신청은 다음 각 호의 사항을 적은 서면으로 하여야 한다.

1. 비밀유지명령을 받을 자

2. 비밀유지명령의 대상이 될 영업비밀을 특정하기에 충분한 사실

3. 제1항 각 호의 사유에 해당하는 사실

③ 비밀유지명령이 결정된 경우에는 그 결정서를 비밀유지명령을 받은 자에게 송달하여야 한다.

④ 비밀유지명령은 제3항의 결정서가 비밀유지명령을 받은 자에게 송달된 때부터 효력이 발생한다.

⑤ 비밀유지명령의 신청을 기각하거나 각하한 재판에 대하여는 즉시항고를 할 수 있다.

[본조신설 2011. 12. 2.]

제129조의4(비밀유지명령의 취소) ① 비밀유지명령을 신청한 자나 비밀유지명령을 받은 자는 제129조의3제1항에서 규정한 요건을 갖추지 못하였거나 갖추지 못하게 된 경우 소송기록을 보관하고 있는 법원(소송기록을 보관하고 있는 법원이 없는 경우에는 비밀유지명령을 내린 법원을 말한다)에 취소를 신청할 수 있다.

② 비밀유지명령의 취소신청에 대한 재판이 있는 경우에는 그 결정서를 그 신청인과 상대방에게 송달하여야 한다.

③ 비밀유지명령의 취소신청에 대한 재판에 대하여는 즉시항고를 할 수 있다.

④ 비밀유지명령을 취소하는 재판은 확정되어야 그 효력이 발생한다.

⑤ 비밀유지명령을 취소하는 재판을 한 법원은 비밀유지명령의 취소신청을 한 자와 상대방 외에 해당 영업비밀에 관한 비밀유지명령을 받은 자가 있는 경우에는 그 자에게 즉시 비밀유지명령의 취소 재판을 한 취지를 통지하여야 한다.

[본조신설 2011. 12. 2.]

제129조의5(소송기록 열람 등 신청의 통지 등) ① 비밀유지명령이 내려진 소송(비밀유지명령이 모두 취소된 소송은 제외한다)에 관한 소송기록에 대하여 「민사소송법」 제163조제1항의 결정이 있었던 경우, 당사자가 같은 항에 규정하는 비밀 기재 부분의 열람 등을 해당 소송에서 비밀유지명령을 받지 아니한 자를 통하여 신청한 경우에는 법원서기관 · 법원사무관 · 법원주사 또는 법원주사보(이하 이 조에서 "법원사무관등"이라 한다)는 「민사소송법」 제163조제1항의 신청을 한 당사자(그 열람 등의 신청을 한 자는 제외한다)에게 그 열람 등의 신청 직후에 그 신청이 있었던 취지를 통지하여야 한다.

② 제1항의 경우 법원사무관등은 제1항의 신청이 있었던 날부터 2주일이 지날 때까지(그 신청 절차를 행한 자에 대한 비밀유지명령 신청이 그 기간 내에 행하여진 경우에 대하여는 그 신청에 대한 재판이 확정되는 시점까지를 말한다) 그 신청 절차를 행한 자에게 제1항의 비밀 기재 부분의 열람 등을 하게 하여서는 아니 된다.

③ 제2항은 제1항의 열람 등의 신청을 한 자에게 제1항의 비밀 기재 부분의 열람 등을 하게 하는 것에 대하여 「민사소송법」 제163조제1항의 신청을 한 당사자 모두의 동의가 있는 경우에는 적용하지 아니한다.

[본조신설 2011. 12. 2.]

제10장 보칙

제130조(권한의 위임 및 위탁) 문화체육관광부장관은 대통령령으로 정하는 바에 따라 이 법에 따른 권한의 일부를 특별시장·광역시장·특별자치시장·도지사·특별자치도지사에게 위임하거나 위원회, 보호원 또는 저작권 관련 단체에 위탁할 수 있다. 〈개정 2008. 2. 29., 2009. 4. 22., 2016. 3. 22., 2020. 2. 4.〉

제130조의2(저작권 침해에 관한 단속 사무의 협조) 문화체육관광부장관은 「사법경찰관리의 직무를 수행할 자와 그 직무범위에 관한 법률」 제5조제26호에 따른 저작권 침해에 관한 단속 사무와 관련하여 기술적 지원이 필요할 때에는 보호원 또는 저작권 관련 단체에 협조를 요청할 수 있다.

[본조신설 2020. 2. 4.]

제131조(벌칙 적용에서의 공무원 의제) 위원회의 위원·직원, 보호원의 임직원 및 심의위원회의 심의위원은 「형법」 제129조부터 제132조까지를 적용하는 경우에는 이를 공무원으로 본다. 〈개정 2016. 3. 22., 2023. 8. 8.〉

제132조(수수료) ① 이 법에 따라 다음 각 호의 어느 하나에 해당하는 사항의 신청 등을 하는 자는 문화체육관광부령으로 정하는 바에 따라 수수료를 납부하여야 한다. 〈개정 2008. 2. 29., 2009. 4. 22., 2011. 12. 2., 2020. 2. 4., 2023. 8. 8.〉

1. 제50조부터 제52조까지에 따른 법정허락 승인(제89조 및 제97조의 규정에 따라 준용되는 경우를 포함한다)을 신청하는 자

2. 제53조부터 제55조까지, 제55조의2부터 제55조의4까지의 규정에 따른 등록(제90조 및 제98조에 따라 준용되는 경우를 포함한

다) 및 이와 관련된 절차를 밟는 자

3. 제105조의 규정에 따라 저작권위탁관리업의 허가를 신청하거나 신고하는 자

② 제1항에 따른 수수료는 문화체육관광부령으로 정하는 바에 따라 특별한 사유가 있으면 감액하거나 면제할 수 있다. 〈신설 2020. 2. 4.〉

제133조(불법 복제물의 수거 · 폐기 및 삭제) ①문화체육관광부장관, 특별시장 · 광역시장 · 특별자치시장 · 도지사 · 특별자치도지사 또는 시장 · 군수 · 구청장(자치구의 구청장을 말한다)은 저작권이나 그 밖에 이 법에 따라 보호되는 권리를 침해하는 복제물(정보통신망을 통하여 전송되는 복제물은 제외한다) 또는 저작물등의 기술적 보호조치를 무력하게 하기 위하여 제작된 기기 · 장치 · 정보 및 프로그램을 발견한 때에는 대통령령으로 정한 절차 및 방법에 따라 관계공무원으로 하여금 이를 수거 · 폐기 또는 삭제하게 할 수 있다. 〈개정 2008. 2. 29., 2009. 4. 22., 2020. 2. 4.〉

②문화체육관광부장관은 제1항의 규정에 따른 업무를 대통령령으로 정한 단체에 위탁할 수 있다. 이 경우 이에 종사하는 자는 공무원으로 본다. 〈개정 2008. 2. 29., 2021. 5. 18.〉

③문화체육관광부장관은 제1항 및 제2항에 따라 관계 공무원 등이 수거 · 폐기 또는 삭제를 하는 경우 필요한 때에는 관련 단체에 협조를 요청할 수 있다. 〈개정 2008. 2. 29., 2009. 4. 22.〉

④ 삭제 〈2009. 4. 22.〉

⑤문화체육관광부장관은 제1항에 따른 업무를 위하여 필요한 기구를 설치 · 운영할 수 있다. 〈개정 2008. 2. 29., 2009. 4. 22.〉

⑥제1항부터 제3항까지의 규정이 다른 법률의 규정과 경합하는 경우에는 이 법을 우선하여 적용한다. 〈개정 2009. 4. 22.〉

제133조의2(정보통신망을 통한 불법복제물등의 삭제명령 등) ① 문화체육관광부장관은 정보통신망을 통하여 저작권이나 그 밖에 이 법에 따라 보호되는 권리를 침해하는 복제물 또는 정보, 기술적 보호조치를 무력하게 하는 프로그램 또는 정보(이하 “불법복제물등”이라

한다)가 전송되는 경우에 심의위원회의 심의를 거쳐 대통령령으로 정하는 바에 따라 온라인서비스제공자에게 다음 각 호의 조치를 할 것을 명할 수 있다. 〈개정 2016. 3. 22.〉

1. 불법복제물등의 복제ㆍ전송자에 대한 경고
2. 불법복제물등의 삭제 또는 전송 중단

② 문화체육관광부장관은 제1항제1호에 따른 경고를 3회 이상 받은 복제ㆍ전송자가 불법복제물등을 전송한 경우에는 심의위원회의 심의를 거쳐 대통령령으로 정하는 바에 따라 온라인서비스제공자에게 6개월 이내의 기간을 정하여 해당 복제ㆍ전송자의 계정(이메일 전용 계정은 제외하며, 해당 온라인서비스제공자가 부여한 다른 계정을 포함한다. 이하 같다)을 정지할 것을 명할 수 있다. 〈개정 2011. 12. 2., 2016. 3. 22.〉

③ 제2항에 따른 명령을 받은 온라인서비스제공자는 해당 복제ㆍ전송자의 계정을 정지하기 7일 전에 대통령령으로 정하는 바에 따라 해당 계정이 정지된다는 사실을 해당 복제ㆍ전송자에게 통지하여야 한다.

④ 문화체육관광부장관은 온라인서비스제공자의 정보통신망에 개설된 게시판(「정보통신망 이용촉진 및 정보보호 등에 관한 법률」 제2조제1항제9호의 게시판 중 상업적 이익 또는 이용 편의를 제공하는 게시판을 말한다. 이하 같다) 중 제1항제2호에 따른 명령이 3회 이상 내려진 게시판으로서 해당 게시판의 형태, 게시되는 복제물의 양이나 성격 등에 비추어 해당 게시판이 저작권 등의 이용질서를 심각하게 훼손한다고 판단되는 경우에는 심의위원회의 심의를 거쳐 대통령령으로 정하는 바에 따라 온라인서비스제공자에게 6개월 이내의 기간을 정하여 해당 게시판 서비스의 전부 또는 일부의 정지를 명할 수 있다. 〈개정 2016. 3. 22.〉

⑤ 제4항에 따른 명령을 받은 온라인서비스제공자는 해당 게시판의 서비스를 정지하기 10일 전부터 대통령령으로 정하는 바에 따라 해당 게시판의 서비스가 정지된다는 사실을 해당 온라인서비스제공자의 인터넷 홈페이지 및 해당 게시판에 게시하여야 한다.

⑥ 온라인서비스제공자는 제1항에 따른 명령을 받은 경우에는 명령을 받은 날부터 5일 이내에, 제2항에 따른 명령을 받은 경우에는 명령을 받은 날부터 10일 이내에, 제4항에 따른 명령을 받은 경우에는 명령을 받은 날부터 15일 이내에 그 조치결과를 대통령령으로 정하는 바에 따라 문화체육관광부장관에게 통보하여야 한다.

⑦ 문화체육관광부장관은 제1항, 제2항 및 제4항의 명령의 대상이 되는 온라인서비스제공자와 제2항에 따른 명령과 직접적인 이해관계가 있는 복제·전송자 및 제4항에 따른 게시판의 운영자에게 사전에 의견제출의 기회를 주어야 한다. 이 경우 「행정절차법」 제22조제4항부터 제6항까지 및 제27조를 의견제출에 관하여 준용한다.

⑧ 문화체육관광부장관은 제1항, 제2항 및 제4항에 따른 업무를 수행하기 위하여 필요한 기구를 설치·운영할 수 있다.

[본조신설 2009. 4. 22.]

제133조의3(시정권고 등) ① 보호원은 온라인서비스제공자의 정보통신망을 조사하여 불법복제물등이 전송된 사실을 발견한 경우에는 심의위원회의 심의를 거쳐 온라인서비스제공자에 대하여 다음 각 호에 해당하는 시정 조치를 권고할 수 있다. 〈개정 2016. 3. 22.〉

1. 불법복제물등의 복제·전송자에 대한 경고
2. 불법복제물등의 삭제 또는 전송 중단
3. 반복적으로 불법복제물등을 전송한 복제·전송자의 계정 정지

② 온라인서비스제공자는 제1항제1호 및 제2호에 따른 권고를 받은 경우에는 권고를 받은 날부터 5일 이내에, 제1항제3호의 권고를 받은 경우에는 권고를 받은 날부터 10일 이내에 그 조치결과를 보호원에 통보하여야 한다. 〈개정 2016. 3. 22.〉

③ 보호원은 온라인서비스제공자가 제1항에 따른 권고에 따르지 아니하는 경우에는 문화체육관광부장관에게 제133조의2제1항 및 제2항에 따른 명령을 하여 줄 것을 요청할 수 있다. 〈개정 2016. 3. 22.〉

④ 제3항에 따라 문화체육관광부장관이 제133조의2제1항 및 제2항에 따른 명령을 하는 경우에는 심의위원회의 심의가 필요하지 아니하다. 〈개정 2016. 3. 22., 2023. 8. 8.〉

[본조신설 2009. 4. 22.]

제134조(건전한 저작물 이용 환경 조성 사업) ① 문화체육관광부장관은 저작권이 소멸된 저작물등에 대한 정보 제공 등 저작물의 공정한 이용을 도모하기 위하여 필요한 사업을 할 수 있다. 〈개정 2009. 4. 22.〉

② 제1항에 따른 사업에 관하여 필요한 사항은 대통령령으로 정한다. 〈개정 2009. 4. 22.〉

③ 삭제 〈2009. 4. 22.〉

[제목개정 2009. 4. 22.]

제135조(저작재산권 등의 기증) ①저작재산권자등은 자신의 권리를 문화체육관광부장관에게 기증할 수 있다. 〈개정 2008. 2. 29.〉

②문화체육관광부장관은 저작재산권자등으로부터 기증된 저작물등의 권리를 공정하게 관리할 수 있는 단체를 지정할 수 있다. 〈개정 2008. 2. 29.〉

③제2항에 따라 지정된 단체는 영리를 목적으로 또는 해당 저작재산권자등의 의사에 반하여 저작물등을 이용할 수 없다. 〈개정 2021. 5. 18.〉

④제1항과 제2항의 규정에 따른 기증 절차와 단체의 지정 등에 관하여 필요한 사항은 대통령령으로 정한다.

제11장 벌칙

제136조(벌칙) ① 다음 각 호의 어느 하나에 해당하는 자는 5년 이하의 징역 또는 5천만원 이하의 벌금에 처하거나 이를 병과(倂科)할 수 있다. 〈개정 2011. 12. 2., 2021. 5. 18.〉

1. 저작재산권, 그 밖에 이 법에 따라 보호되는 재산적 권리(제93조에 따른 권리는 제외한다)를 복제, 공연, 공중송신, 전시, 배포, 대여, 2차적저작물 작성의 방법으로 침해한 자
2. 제129조의3제1항에 따른 법원의 명령을 정당한 이유 없이 위반한 자

②다음 각 호의 어느 하나에 해당하는 자는 3년 이하의 징역 또

는 3천만원 이하의 벌금에 처하거나 이를 병과할 수 있다. 〈개정 2009. 4. 22., 2011. 6. 30., 2011. 12. 2.〉

1. 저작인격권 또는 실연자의 인격권을 침해하여 저작자 또는 실연자의 명예를 훼손한 자

2. 제53조 및 제54조(제90조 및 제98조에 따라 준용되는 경우를 포함한다)에 따른 등록을 거짓으로 한 자

3. 제93조에 따라 보호되는 데이터베이스제작자의 권리를 복제·배포·방송 또는 전송의 방법으로 침해한 자

3의2. 제103조의3제4항을 위반한 자

3의3. 업으로 또는 영리를 목적으로 제104조의2제1항 또는 제2항을 위반한 자

3의4. 업으로 또는 영리를 목적으로 제104조의3제1항을 위반한 자. 다만, 과실로 저작권 또는 이 법에 따라 보호되는 권리 침해를 유발 또는 은닉한다는 사실을 알지 못한 자는 제외한다.

3의5. 제104조의4제1호 또는 제2호에 해당하는 행위를 한 자

3의6. 제104조의5를 위반한 자

3의7. 제104조의7을 위반한 자

4. 제124조제1항에 따른 침해행위로 보는 행위를 한 자

5. 삭제 〈2011. 6. 30.〉

6. 삭제 〈2011. 6. 30.〉

[제목개정 2011. 12. 2.]

제137조(벌칙) ①다음 각 호의 어느 하나에 해당하는 자는 1년 이하의 징역 또는 1천만원 이하의 벌금에 처한다. 〈개정 2009. 4. 22., 2011. 12. 2., 2020. 2. 4.〉

1. 저작자 아닌 자를 저작자로 하여 실명·이명을 표시하여 저작물을 공표한 자

2. 실연자 아닌 자를 실연자로 하여 실명·이명을 표시하여 실연을 공연 또는 공중송신하거나 복제물을 배포한 자

3. 제14조제2항을 위반한 자

3의2. 제104조의4제3호에 해당하는 행위를 한 자

3의3. 제104조의6을 위반한 자

4. 제105조제1항에 따른 허가를 받지 아니하고 저작권신탁관리업을 한 자

5. 제124조제2항에 따라 침해행위로 보는 행위를 한 자

6. 자신에게 정당한 권리가 없음을 알면서 고의로 제103조제1항 또는 제3항에 따른 복제·전송의 중단 또는 재개요구를 하여 온라인서비스제공자의 업무를 방해한 자

7. 제55조의5(제90조 및 제98조에 따라 준용되는 경우를 포함한다)를 위반한 자

② 제1항제3호의3의 미수범은 처벌한다. 〈신설 2011. 12. 2.〉

[제목개정 2011. 12. 2.]

제138조(벌칙) 다음 각 호의 어느 하나에 해당하는 자는 500만원 이하의 벌금에 처한다. 〈개정 2011. 12. 2.〉

1. 제35조제4항을 위반한 자

2. 제37조(제87조 및 제94조에 따라 준용되는 경우를 포함한다)를 위반하여 출처를 명시하지 아니한 자

3. 제58조제3항(제63조의2, 제88조 및 제96조에 따라 준용되는 경우를 포함한다)을 위반하여 저작재산권자의 표지를 하지 아니한 자

4. 제58조의2제2항(제63조의2, 제88조 및 제96조에 따라 준용되는 경우를 포함한다)을 위반하여 저작자에게 알리지 아니한 자

5. 제105조제1항에 따른 신고를 하지 아니하고 저작권대리중개업을 하거나, 제109조제2항에 따른 영업의 폐쇄명령을 받고 계속 그 영업을 한 자

[제목개정 2011. 12. 2.]

제139조(몰수) 저작권, 그 밖에 이 법에 따라 보호되는 권리를 침해하여 만들어진 복제물과 그 복제물의 제작에 주로 사용된 도구나 재료 중 그 침해자·인쇄자·배포자 또는 공연자의 소유에 속하는 것은 몰수한다. 〈개정 2011. 12. 2.〉

[전문개정 2011. 6. 30.]

제140조(고소) 이 장의 죄에 대한 공소는 고소가 있어야 한다. 다

만, 다음 각 호의 어느 하나에 해당하는 경우에는 그러하지 아니하다. 〈개정 2009. 4. 22., 2011. 12. 2.〉

1. 영리를 목적으로 또는 상습적으로 제136조제1항제1호, 제136조제2항제3호 및 제4호(제124조제1항제3호의 경우에는 피해자의 명시적 의사에 반하여 처벌하지 못한다)에 해당하는 행위를 한 경우

2. 제136조제2항제2호 및 제3호의2부터 제3호의7까지, 제137조제1항제1호부터 제4호까지, 제6호 및 제7호와 제138조제5호의 경우

3. 삭제 〈2011. 12. 2.〉

제141조(양벌규정) 법인의 대표자나 법인 또는 개인의 대리인·사용인 그 밖의 종업원이 그 법인 또는 개인의 업무에 관하여 이 장의 죄를 저지른 때에는 행위자를 벌하는 외에 그 법인 또는 개인에 대하여도 각 해당조의 벌금형을 과한다. 다만, 법인 또는 개인이 그 위반행위를 방지하기 위하여 해당 업무에 관하여 상당한 주의와 감독을 게을리하지 아니한 경우에는 그러하지 아니하다. 〈개정 2009. 4. 22., 2023. 8. 8.〉

제142조(과태료) ① 제104조제1항에 따른 필요한 조치를 하지 아니한 자에게는 3천만원 이하의 과태료를 부과한다. 〈개정 2009. 4. 22.〉

② 다음 각 호의 어느 하나에 해당하는 자에게는 1천만원 이하의 과태료를 부과한다. 〈개정 2009. 4. 22., 2011. 12. 2., 2016. 3. 22., 2019. 11. 26.〉

1. 제103조의3제2항에 따른 문화체육관광부장관의 명령을 이행하지 아니한 자

2. 제106조에 따른 의무를 이행하지 아니한 자

2의2. 제106조의2를 위반하여 정당한 이유 없이 이용허락을 거부한 자

3. 제112조제4항을 위반하여 한국저작권위원회의 명칭을 사용한 자

3의2. 제122조의2제5항을 위반하여 한국저작권보호원의 명칭을 사용한 자

4. 제133조의2제1항·제2항 및 제4항에 따른 문화체육관광부장관의 명령을 이행하지 아니한 자

5. 제133조의2제3항에 따른 통지, 같은 조 제5항에 따른 게시, 같은 조 제6항에 따른 통보를 하지 아니한 자

③ 제1항 및 제2항에 따른 과태료는 대통령령으로 정하는 바에 따라 문화체육관광부장관이 부과ㆍ징수한다. 〈개정 2009. 4. 22.〉

④ 삭제 〈2009. 4. 22.〉

⑤ 삭제 〈2009. 4. 22.〉

부칙 〈제8101호, 2006. 12. 28.〉

제1조 (시행일) 이 법은 공포 후 6개월이 경과한 날부터 시행한다. 다만, 제133조제1항 및 제3항의 규정은 이 법을 공포한 날부터 시행한다.

제2조 (적용 범위에 관한 경과조치) ①이 법 시행 전에 종전의 규정에 따라 저작권의 전부 또는 일부가 소멸하였거나 보호를 받지 못한 저작물등에 대하여는 그 부분에 대하여 이 법을 적용하지 아니한다.

②이 법 시행 전에 행한 저작물등의 이용은 종전의 규정에 따른다.

③종전의 부칙 규정은 이 법의 시행 후에도 계속하여 적용한다. 다만, 법률 제4717호 저작권법중개정법률 부칙 제3항에 따른 저작인접권의 보호기간에 관한 경과조치 규정은 제외한다. 〈개정 2011. 12. 2.〉

제3조 (음반제작자에 대한 경과조치) 종전의 규정에 따른 음반제작자는 이 법에 따른 음반제작자로 본다.

제4조 (단체명의저작물의 저작자에 대한 경과조치) 이 법 시행 전에 종전의 제9조의 규정에 따라 작성된 저작물의 저작자에 관하여는 종전의 규정에 따른다.

제5조 (단체 지정에 관한 경과조치) 이 법 시행 전에 종전의 규정에 따라 보상금을 받을 수 있도록 지정한 단체는 이 법에 따라 지정한 단체로 본다.

제6조 (법정허락에 관한 경과조치) 이 법 시행당시 종전의 규정에 따른 법정허락은 이 법에 따른 법정허락으로 본다.

제7조 (등록에 관한 경과조치) 이 법 시행당시 종전의 규정에 따른 등록은 이 법에 따른 등록으로 본다. 다만, 종전의 제51조의 규정에 따라 이루어진 저작재산권자의 성명 등의 등록은 종전의 규정에 따른다.
제8조 (음반의 보호기간의 기산에 관한 경과조치) 이 법 시행 전에 고정되었으나 아직 발행되지 아니한 음반의 보호기간의 기산은 이 법에 따른다.
제9조 (미분배 보상금에 관한 경과조치) 이 법 제25조제8항(제31조제6항 · 제75조제2항 및 제82조제2항의 규정에 따라 준용되는 경우를 포함한다)의 규정은 이 법 시행 전에 종전의 제23조제3항 · 제28조제5항 · 제65조 및 제68조의 규정에 따라 수령한 보상금에 대하여도 적용한다. 이 경우 각 보상금별 분배 공고일은 보상금지급단체로부터 권리자가 당해 보상금을 처음으로 지급받을 수 있는 날의 연도 말일로 본다.
제10조 (실연자의 인격권에 관한 경과조치) 이 법 시행 전에 행한 실연에 관하여는 이 법 제66조 및 제67조의 규정을 적용하지 아니한다.
제11조 (저작권위탁관리업자에 대한 경과조치) 이 법 시행당시 종전의 규정에 따라 저작권위탁관리업의 허가를 받은 자는 저작권신탁관리업의 허가를 받은 자로, 저작권위탁관리업의 신고를 한 자는 저작권대리중개업의 신고를 한 자로 본다.
제12조 (저작권신탁관리업자의 수수료 및 사용료에 관한 경과조치) 종전의 규정에 따라 승인한 저작권신탁관리업자의 수수료 및 사용료의 요율 또는 금액은 이 법에 따라 승인한 것으로 본다.
제13조 (저작권위원회 등에 관한 경과조치) 종전의 규정에 따른 저작권심의조정위원회 및 그 심의조정위원은 이 법 제8장의 규정에 따른 저작권위원회 및 그 위원으로 본다.
제14조 (벌칙 적용에 관한 경과조치) 이 법 시행 전의 행위에 대한 벌칙의 적용에서는 종전의 규정에 따른다.
제15조 (다른 법률의 개정) ①지방세법 일부를 다음과 같이 개정한

다.

제143조제2호 중 "「저작권법」 제52조·제60조제3항·제73조 및 제73조의9"를 "「저작권법」 제54조·제63조제3항·제90조 및 제98조"로 한다.

②방송법 일부를 다음과 같이 개정한다.

제78조제3항 중 "저작권법 제69조"를 "「저작권법」 제85조"로 한다.

제16조 (다른 법령과의 관계) 이 법 시행당시 다른 법령에서 종전의 규정을 인용하고 있는 경우에는 이 법의 해당조항을 인용한 것으로 본다.

부칙 〈제8852호, 2008. 2. 29.〉 (정부조직법)

제1조(시행일) 이 법은 공포한 날부터 시행한다. ···〈생략〉···, 부칙 제6조에 따라 개정되는 법률 중 이 법의 시행 전에 공포되었으나 시행일이 도래하지 아니한 법률을 개정한 부분은 각각 해당 법률의 시행일부터 시행한다.

제2조 부터 제5조까지 생략

제6조(다른 법률의 개정) ① 부터 〈267〉 까지 생략

〈268〉 저작권법 일부를 다음과 같이 개정한다.

제25조제4항 본문·제5항 각 호 외의 부분 전단·같은 항 각 호 외의 부분 후단·제7항 각 호 외의 부분·제8항, 제31조제5항 본문, 제50조제1항·제4항, 제51조, 제52조, 제55조제1항·제2항 각 호 외의 부분 본문·제3항, 제56조제1항·제3항, 제76조제4항, 제103조제7항 후단, 제104조제2항, 제105조제1항·제2항 각 호 외의 부분·제5항 본문·제6항부터 제8항까지, 제108조제1항·제2항, 제109조제1항 각 호 외의 부분·제2항 각 호 외의 부분, 제110조, 제111조제1항·제2항, 제112조제3항 각 호 외의 부분, 제113조제2호·제11호, 제122조제3항, 제130조, 제133조제1항부터 제5항까지, 제134조제1항·제2항, 제135조제1항·제2항 및 제142조제1항부터 제4항까지 중 "문화관광부장관"을 각각 "문화체육관광부장관"으로 한다.

제55조제2항제2호 및 제132조 각 호 외의 부분 중 "문화관광부령"을 각각 "문화체육관광부령"으로 한다.

〈269〉 부터 〈760〉 까지 생략

제7조 생략

부칙 〈제9529호, 2009. 3. 25.〉

이 법은 공포 후 6개월이 경과한 날부터 시행한다.

부칙 〈제9625호, 2009. 4. 22.〉

제1조(시행일) 이 법은 공포 후 3개월이 경과한 날부터 시행한다.

제2조(「컴퓨터프로그램 보호법」의 폐지) 컴퓨터프로그램 보호법은 폐지한다.

제3조(위원회의 설립준비) ① 이 법에 따라 위원회를 설립하기 위하여 행하는 준비행위는 이 법 시행 전에 할 수 있다.

② 문화체육관광부장관은 위원회의 설립에 관한 사무를 관장하게 하기 위하여 설립위원회를 구성한다.

③ 설립위원회는 문화체육관광부장관이 위촉하는 5명 이내의 설립위원으로 구성하되, 설립위원회의 위원장은 종전의 「저작권법」 제112조에 따른 저작권위원회의 위원장이 된다.

④ 설립위원회는 이 법 시행 전까지 정관을 작성하여 문화체육관광부장관의 인가를 받아야 한다.

⑤ 설립위원회는 제4항에 따른 인가를 받은 때에는 위원회의 설립등기를 하여야 한다.

⑥ 위원회의 설립에 관하여 필요한 경비는 국가가 부담한다.

⑦ 설립위원회는 제5항에 따른 위원회의 설립등기를 한 후에 지체 없이 위원회의 위원장에게 사무를 인계하여야 하며, 사무인계가 끝난 때에는 설립위원은 해촉된 것으로 본다.

제4조(저작권위원회 및 컴퓨터프로그램보호위원회의 소관사무, 권리·의무 및 고용관계 등에 관한 경과조치) ① 이 법 시행 당시 종전의 「저작권법」 제112조부터 제122조까지 및 종전의 「컴퓨터프로그

램 보호법」 제35조부터 제43조까지의 규정에 따른 저작권위원회와 컴퓨터프로그램보호위원회의 소관사무, 권리·의무와 재산 및 직원의 고용관계는 한국저작권위원회가 승계한다.

② 이 법 시행 당시 종전의 「저작권법」 제112조에 따른 저작권위원회의 위원장 및 위원은 한국저작권위원회의 위원장 및 위원으로 보고, 그 임기는 종전의 저작권위원회의 위원장 및 위원의 임기가 개시된 때부터 기산한다.

제5조(적용 범위에 관한 경과조치) ① 이 법 시행 전에 종전의 「저작권법」 및 「컴퓨터프로그램 보호법」에 따라 보호되는 권리의 전부 또는 일부가 소멸하였거나 보호를 받지 못한 저작물등에 대하여는 그 부분에 대하여 이 법을 적용하지 아니한다.

② 이 법 시행 전에 행한 프로그램의 이용은 종전의 「컴퓨터프로그램 보호법」에 따른다.

제6조(법정허락 등에 관한 경과조치) 이 법 시행 전에 종전의 「컴퓨터프로그램 보호법」에 따른 다음 각 호의 행위는 이 법에 따른 것으로 본다.

1. 법정허락
2. 프로그램저작권 위탁관리기관 지정
3. 프로그램의 임치 및 수치인의 지정
4. 프로그램의 등록
5. 프로그램저작권의 이전등록
6. 부정복제물의 수거조치
7. 부정복제물 등에 대한 시정명령 및 시정권고
8. 분쟁의 알선·조정
9. 프로그램의 감정

제7조(벌칙 적용에 관한 경과조치) 이 법 시행 전의 행위에 대한 종전의 「컴퓨터프로그램 보호법」에 따른 벌칙의 적용에 있어서는 종전의 「컴퓨터프로그램 보호법」에 따른다.

제8조(다른 법률의 개정) ① 지방세법 일부를 다음과 같이 개정한다.

제143조제2호 중 "「저작권법」 제54조·제63조제3항·제90조 및

제98조의 규정에 의한 등록중 상속외의 등록"을 "「저작권법」 제54조 · 제63조제3항 · 제90조 및 제98조에 따른 등록 중 상속 외의 등록(프로그램 등록은 제외한다)"으로 하고, 같은 조 제2호의2 중 "「컴퓨터프로그램 보호법」 제26조의 규정에 의한 등록중 상속외의 등록"을 "「저작권법」 제54조에 따른 프로그램 등록과 제101조의6제6항에 따른 등록 중 상속 외의 등록"으로 한다.

제150조의3제2항 중 "「저작권법」 또는 「컴퓨터프로그램 보호법」의 규정에 의한"을 "「저작권법」에 따른"으로 한다.

② 온라인 디지털콘텐츠산업 발전법 일부를 다음과 같이 개정한다.

제21조 중 "저작권법 또는 컴퓨터프로그램보호법의 보호를 받는 경우에는 저작권법 또는 컴퓨터프로그램보호법이"를 "「저작권법」의 보호를 받는 경우에는 「저작권법」이"로 한다.

③ 관세법 일부를 다음과 같이 개정한다.

제235조제1항 중 "「저작권법」에 따른 저작권과 저작인접권 또는 「컴퓨터프로그램 보호법」에 따른 프로그램저작권(이하 이 조에서 "저작권등"이라 한다)"을 "「저작권법」에 따른 저작권과 저작인접권(이하 이 조에서 "저작권등"이라 한다)"으로 하고, 같은 조 제2항 중 "「저작권법」 및 「컴퓨터프로그램 보호법」"을 "「저작권법」"으로 한다.

④ 사법경찰관리의 직무를 수행할 자와 그 직무범위에 관한 법률 일부를 다음과 같이 개정한다.

제5조제23호의2 및 제6조제20호의2를 각각 삭제한다.

⑤ 자본시장과 금융투자업에 관한 법률 일부를 다음과 같이 개정한다.

제7조제5항 중 "「저작권법」에 따른 저작권신탁관리업 및 「컴퓨터프로그램 보호법」에 따른 프로그램저작권 위탁관리업무"를 "「저작권법」에 따른 저작권신탁관리업"으로 한다.

제9조(다른 법령과의 관계) 이 법 시행 당시 다른 법령에서 종전의 「컴퓨터프로그램 보호법」 또는 그 규정을 인용하고 있는 경우에는 이 법 또는 이 법의 해당 규정을 인용한 것으로 본다.

부칙 〈제9785호, 2009. 7. 31.〉 (신문 등의 진흥에 관한 법률)

제1조(시행일) 이 법은 공포 후 6개월이 경과한 날부터 시행한다.

제2조 부터 제7조까지 생략

제8조(다른 법률의 개정) ① 부터 ⑧ 까지 생략

⑨ 저작권법 일부를 다음과 같이 개정한다.

제27조 중 "「신문 등의 자유와 기능보장에 관한 법률」"을 "「신문 등의 진흥에 관한 법률」"로 한다.

⑩ 부터 ⑭ 까지 생략

제9조 생략

부칙 〈제10807호, 2011. 6. 30.〉

제1조(시행일) 이 법은 「대한민국과 유럽연합 및 그 회원국 간의 자유무역협정」이 발효하는 날부터 시행한다. 다만, 제39조부터 제42조까지의 개정규정은 「대한민국과 유럽연합 및 그 회원국 간의 자유무역협정」이 발효한 후 2년이 되는 날부터 시행한다.

제2조(적용 범위에 관한 경과조치) 이 법 시행 전에 종전의 규정에 따라 저작권, 그 밖에 이 법에 따라 보호되는 권리의 전부 또는 일부가 소멸하였거나 보호를 받지 못한 저작물등에 대하여는 그 부분에 대하여 이 법을 적용하지 아니한다.

제3조(온라인서비스제공자의 책임 제한에 관한 경과조치) 이 법 시행 전에 발생한 저작권, 그 밖에 이 법에 따라 보호되는 권리 침해에 대한 온라인서비스제공자의 책임 제한에 관하여는 제102조 및 제103조의 개정규정에도 불구하고 종전의 규정에 따른다.

제4조(벌칙 적용에 관한 경과조치) 이 법 시행 전의 행위에 대한 벌칙의 적용은 종전의 규정에 따른다.

부칙 〈제11110호, 2011. 12. 2.〉

제1조(시행일) 이 법은 「대한민국과 미합중국 간의 자유무역협정 및 대한민국과 미합중국 간의 자유무역협정에 관한 서한교환」이 발효되는 날부터 시행한다. 다만, 제64조제2항 및 제86조의 개정규정은

2013년 8월 1일부터 시행한다.
제2조(적용례) 제103조의3, 제125조의2 및 제129조의2부터 제129조의5까지의 개정규정은 이 법 시행 후 최초로 권리침해가 발생하거나 의무위반이 발생한 것부터 적용한다.
제3조(적용 범위에 관한 경과조치) 이 법 시행 전에 종전의 규정에 따라 저작권, 그 밖에 이 법에 따라 보호되는 권리의 전부 또는 일부가 소멸하였거나 보호를 받지 못한 저작물등에 대하여는 그 부분에 대하여 이 법을 적용하지 아니한다.
제4조(저작인접권 보호기간의 특례) ① 제3조에도 불구하고 법률 제8101호 저작권법 전부개정법률 부칙 제2조제3항의 개정규정에 따라 1987년 7월 1일부터 1994년 6월 30일 사이에 발생한 저작인접권은 1994년 7월 1일 시행된 법률 제4717호 저작권법중개정법률(이하 이 조에서 "같은 법"이라 한다) 제70조의 개정규정에 따라 그 발생한 때의 다음 해부터 기산하여 50년간 존속한다.
② 같은 법 부칙 제3항에 따라 1987년 7월 1일부터 1994년 6월 30일 사이에 발생한 저작인접권 중 이 법 시행 전에 종전 법(법률 제4717호 저작권법중개정법률 시행 전의 저작권법을 말한다. 이하 이 조에서 같다)에 따른 보호기간 20년이 경과되어 소멸된 저작인접권은 이 법 시행일부터 회복되어 저작인접권자에게 귀속된다. 이 경우 그 저작인접권은 처음 발생한 때의 다음 해부터 기산하여 50년간 존속하는 것으로 하여 보호되었더라면 인정되었을 보호기간의 잔여기간 동안 존속한다.
③ 제2항에 따라 저작인접권이 회복된 실연·음반·방송을 이 법 시행 전에 이용한 행위는 이 법에서 정한 권리의 침해로 보지 아니한다.
④ 제2항에 따른 저작인접권이 종전 법에 따라 소멸된 후에 해당 실연·음반·방송을 이용하여 이 법 시행 전에 제작한 복제물은 이 법 시행 후 2년 동안 저작인접권자의 허락 없이 계속 배포할 수 있다.
제5조(온라인서비스제공자의 책임 제한 등에 관한 경과조치) 이 법

시행 전에 발생한 저작권, 그 밖에 이 법에 따라 보호되는 권리 침해에 대한 온라인서비스제공자의 책임제한에 관하여는 제102조 및 제103조의2의 개정규정에도 불구하고 종전의 규정에 따른다.
제6조(프로그램배타적발행권에 관한 경과조치) 이 법 시행 전에 설정·등록된 프로그램배타적발행권에 관하여는 종전의 규정에 따른다.
제7조(벌칙 적용에 관한 경과조치) 이 법 시행 전의 행위에 대한 벌칙의 적용에 있어서는 종전의 규정에 따른다.
제8조(다른 법률의 개정) 지방세법 일부를 다음과 같이 개정한다.
제28조제1항제10호 각 목 외의 부분 중 "저작권, 출판권"을 "저작권, 배타적발행권(「저작권법」 제88조 및 제96조에 따라 준용되는 경우를 포함한다), 출판권"으로 하고, 같은 호 나목 중 "제54조, 제63조제3항, 제90조 및 제98조"를 "제54조(제90조 및 제98조에 따라 준용되는 경우를 포함한다)"로, "프로그램 등록은 제외한다"를 "프로그램, 배타적발행권, 출판권 등록은 제외한다"로 하며, 같은 호 다목 중 "제54조에 따른 프로그램 등록과 같은 법 제101조의6제6항에 따른"을 "제54조(제90조 및 제98조에 따라 준용되는 경우를 포함한다)에 따른 프로그램, 배타적발행권, 출판권"으로 한다.

부칙 〈제11903호, 2013. 7. 16.〉
이 법은 공포 후 3개월이 경과한 날부터 시행한다.

부칙 〈제12137호, 2013. 12. 30.〉
이 법은 공포 후 6개월이 경과한 날부터 시행한다.

부칙 〈제13978호, 2016. 2. 3.〉 (한국수화언어법)
제1조(시행일) 이 법은 공포 후 6개월이 경과한 날부터 시행한다.
제2조(다른 법률의 개정) ①부터 ⑧까지 생략
⑨ 저작권법 일부를 다음과 같이 개정한다.
제33조의2제1항 중 "수화"를 각각 "한국수어"로 한다.

제3조 생략

부칙 〈제14083호, 2016. 3. 22.〉

제1조(시행일) 이 법은 공포 후 6개월이 경과한 날부터 시행한다.

제2조(보호원의 설립준비) ① 이 법에 따라 보호원을 설립하기 위하여 행하는 준비행위는 이 법 시행 전에 할 수 있다.

② 문화체육관광부장관은 보호원의 설립에 관한 사무를 처리하기 위하여 보호원설립추진단(이하 "설립추진단"이라 한다)을 설치한다.

③ 설립추진단은 문화체육관광부장관이 위촉하는 5명 이내의 설립위원으로 구성하여 운영한다.

④ 설립추진단은 보호원의 정관을 작성하여 문화체육관광부장관의 인가를 받아 지체 없이 설립위원의 연명(連名)으로 보호원의 설립등기를 한 후 보호원의 원장에게 사무를 인계하여야 한다.

⑤ 설립추진단 및 설립위원은 제4항에 따른 사무인계가 끝난 때에는 해산되거나 해촉된 것으로 본다.

제3조(한국저작권위원회의 소관사무, 권리·의무 및 고용관계 등에 관한 경과조치) ① 이 법 시행 당시 종전의 제113조제10호에 따른 한국저작권위원회의 소관사무, 권리·의무와 재산 및 직원의 고용관계는 보호원이 승계한다.

② 보호원의 설립 이전에 종전의 제113조제10호에 따라 한국저작권위원회가 한 행위 또는 한국저작권위원회에 대하여 행하여진 행위는 보호원이 행한 행위 또는 보호원에 대하여 행하여진 행위로 본다.

부칙 〈제14432호, 2016. 12. 20.〉

이 법은 공포한 날부터 시행한다.

부칙 〈제14634호, 2017. 3. 21.〉

제1조(시행일) 이 법은 공포한 날부터 시행한다.

제2조(금치산자 등의 결격사유에 관한 경과조치) 이 법 시행 당시

이미 금치산 또는 한정치산의 선고를 받고 법률 제10429호 민법 일부개정법률 부칙 제2조에 따라 금치산 또는 한정치산 선고의 효력이 유지되는 사람에 대해서는 제105조제3항제1호의 개정규정에도 불구하고 종전의 규정에 따른다.

부칙 〈제15823호, 2018. 10. 16.〉

제1조(시행일) 이 법은 공포 후 6개월이 경과한 날부터 시행한다. 다만, 제113조의2제5항의 개정규정은 공포한 날부터 시행한다.

제2조(미분배 보상금의 사용에 관한 적용례) 제25조제8항의 개정규정은 이 법 시행 당시 종전의 규정에 따라 보상금 분배 공고가 진행 중인 경우에 대하여도 적용한다.

부칙 〈제16600호, 2019. 11. 26.〉

제1조(시행일) 이 법은 공포 후 6개월이 경과한 날부터 시행한다.

제2조(저작권신탁관리업자의 징계의 요구 등에 관한 적용례) 제108조의2의 개정규정은 이 법 시행 이후 저작권신탁관리업자의 대표자 또는 임원이 직무와 관련하여 같은 조 각 호에 따른 징계 요구 사유에 해당하게 된 경우부터 적용한다.

제3조(심의위원회의 구성에 관한 적용례) ① 제122조의6제2항의 개정규정은 이 법 시행 후 최초로 구성되는 심의위원회부터 적용한다.

② 제122조의6제4항 및 제5항의 개정규정은 이 법 시행 후 심의위원회의 위원을 위촉(연임하는 경우를 포함한다)하는 경우부터 적용한다.

③ 제2항에 따라 제122조의6제5항의 개정규정을 적용하는 경우에 이 법 시행 전에 1회 이상 연임하여 임기 중에 있는 위원은 그 임기 만료 후에는 연임할 수 없다.

제4조(심의위원회 위원에 관한 경과조치) 이 법 시행 당시 종전의 규정에 따라 위촉된 심의위원회 위원은 제122조의6의 개정규정에 따라 위촉된 위원으로 본다. 이 경우 위원의 임기는 잔여기간으로 한다.

부칙 〈제16933호, 2020. 2. 4.〉

제1조(시행일) 이 법은 공포 후 6개월이 경과한 날부터 시행한다.

제2조(저작권대리중개업의 신고 등에 관한 적용례) 제105조제5항 및 제6항의 개정규정은 이 법 시행 이후 신고 또는 변경신고를 하는 경우부터 적용한다.

제3조(저작권위탁관리업 허가 등의 결격사유에 관한 적용례) 제105조제7항의 개정규정은 이 법 시행 이후 최초로 저작권위탁관리업의 허가를 신청하거나 신고서를 제출한 자가 같은 항 각 호의 개정규정의 결격사유에 해당하게 된 경우부터 적용한다.

제4조(저작권위탁관리업자에 대한 업무의 정지명령에 관한 적용례) 제109조제1항제9호의 개정규정은 이 법 시행 당시 저작권신탁관리업의 허가를 받거나 허가를 신청한 자와 저작권대리중개업의 신고를 했거나 신고서를 제출한 자가 이 법 시행 이후 발생한 사유로 인하여 제105조제7항 각 호의 개정규정의 결격사유에 해당하게 된 경우부터 적용한다.

제5조(직권조정결정에 관한 적용례) 제117조의 개정규정은 이 법 시행 이후 위원회에 조정을 신청하는 경우부터 적용한다.

제6조(등록 관청의 변경에 관한 경과조치) 이 법 시행 당시 종전의 규정에 따라 문화체육관부장관에게 등록 또는 변경등록등을 한 자는 제55조 및 제55조의2부터 제55조의4까지(제90조 또는 제98조에 따라 준용되는 경우를 포함한다)의 개정규정에 따라 위원회에 등록 또는 변경등록등을 한 것으로 본다.

제7조(등록신청 반려 등에 대한 이의신청에 관한 경과조치) 이 법 시행 당시 종전의 규정에 따라 등록 또는 변경등록등을 신청하여 그 신청이 반려된 자로서 반려된 날부터 1개월이 지나지 아니한 자는 제55조제3항 및 제55조의3제3항(제90조 또는 제98조에 따라 준용되는 경우를 포함한다)의 개정규정에도 불구하고 이 법 시행 이후 1개월 이내에 위원회에 이의를 신청할 수 있다.

제8조(온라인서비스제공자의 책임 제한에 관한 경과조치) 이 법 시

행 전에 발생한 저작권, 그 밖에 이 법에 따라 보호되는 권리 침해에 대한 온라인서비스제공자의 책임 제한에 관하여는 제102조제1항의 개정규정에도 불구하고 종전의 규정에 따른다.

부칙 〈제17588호, 2020. 12. 8.〉
이 법은 공포 후 6개월이 경과한 날부터 시행한다.

부칙 〈제17592호, 2020. 12. 8.〉 (피후견인 결격조항 정비를 위한 경륜·경정법 등 7개 법률의 일부개정에 관한 법률)
이 법은 공포한 날부터 시행한다.

부칙 〈제18162호, 2021. 5. 18.〉
제1조(시행일) 이 법은 공포한 날부터 시행한다.
제2조(한국저작권위원회 위원의 연임에 관한 적용례) 제112조의2제3항 본문의 개정규정은 이 법 시행 이후 한국저작권위원회의 위원을 위촉하는 경우부터 적용한다. 이 경우 연임 횟수는 이 법 시행 전에 위원으로 위촉되어 개시된 임기를 제외하고 계산한다.

부칙 〈제18547호, 2021. 12. 7.〉 (도서관법)
제1조(시행일) 이 법은 공포 후 1년이 경과한 날부터 시행한다.
제2조 부터 제8조까지 생략
제9조(다른 법률의 개정) ①부터 ⑧까지 생략
⑨ 저작권법 일부를 다음과 같이 개정한다.
제31조제8항 중 “제20조의2”를 “제22조”로 한다.
⑩부터 ⑭까지 생략
제10조 생략

부칙 〈제19410호, 2023. 5. 16.〉 (행정법제 혁신을 위한 게임산업진흥에 관한 법률 등 8개 법률의 일부개정에 관한 법률)
제1조(시행일) 이 법은 공포한 날부터 시행한다. 다만, · · · 〈생

략〉· · · 제8조의 개정규정은 공포 후 6개월이 경과한 날부터 시행한다.
제2조(이의신청에 관한 일반적 적용례) 이의신청에 관한 개정규정은 이 법 시행 이후 하는 처분부터 적용한다.
제3조 부터 제6조까지 생략

부칙 〈제19592호, 2023. 8. 8.〉 (법률용어 정비를 위한 문화체육관광위원회 소관 43개 법률 일부개정법률)
이 법은 공포한 날부터 시행한다.

부칙 〈제19597호, 2023. 8. 8.〉
이 법은 공포 후 6개월이 경과한 날부터 시행한다.

부칙 〈제20358호, 2024. 2. 27.〉
이 법은 공포 후 6개월이 경과한 날부터 시행한다.

저작권법 시행령

[시행 2024. 10. 2.] [대통령령 제34926호, 2024. 10. 2., 일부개정]

제18조(상당한 노력의 기준)
제19조(저작물 이용 등의 승인신청)
제20조(의견제출 등)
제21조(승인의 통지 등)
제22조(승인신청의 기각)
제23조(보상금의 지급 사실 공고)
제23조의2(보상금의 청구 절차)
제23조의3(미분배 보상금의 사용 승인)
제23조의4(보상금의 공탁)
제24조(등록 사항)
제25조(신청주의)
제26조(등록신청)
제27조(저작권등록부 기재 등)
제27조의2(신청의 반려방법)
제27조의3(등록신청 반려에 대한 이의신청)
제27조의4(등록공보의 발행 등)
제27조의5(저작권등록부의 열람 등)
제28조(등록증의 발급 등)
제29조삭 제
제30조(등록 사항의 변경 등)
제31조삭 제
제32조삭 제
제33조삭 제
제34조삭 제
제35조(전산정보처리시스템에 의한 등록)
제36조(인증기관의 지정 등)
제37조(인증 절차 등)
제38조(저작재산권자의 표지)
제38조의2(방송사업자의 실연자에 대한 보상금 관련 조정신청)
제39조(실연자에 대한 디지털음성송신보상금 관련 협의 기간)
제39조의2(프로그램의 임치)
제39조의3(표준적인 기술조치)
제40조(복제 · 전송의 중단 요청)
제41조(복제 · 전송의 중단 통보)
제42조(복제 · 전송의 재개 요청)
제43조(복제 · 전송의 재개통보 등)

**개정 예정 법률 밑줄 별도 표시.

저작권법 시행령

[시행 2024. 10. 2.] [대통령령 제34926호, 2024. 10. 2., 일부개정]

제1조(목적) 이 영은 「저작권법」에서 위임된 사항과 그 시행에 필요한 사항을 정함을 목적으로 한다.

제1조의2(저작권 보호를 위한 시책 수립) ① 「저작권법」(이하 "법"이라 한다) 제2조의2제1항제2호에 따라 문화체육관광부장관이 수립·시행하는 저작권 인식 확산을 위한 교육 및 홍보에 관한 시책에는 다음 각 호의 사항이 포함되어야 한다.

1. 저작권 전문 인력 양성에 관한 사항
2. 청소년 저작권 교육에 관한 사항
3. 올바른 저작물 이용 홍보에 관한 사항
4. 그 밖에 저작권 인식 확산을 위하여 문화체육관광부장관이 필요하다고 인정하는 사항

② 법 제2조의2제1항제3호에 따라 문화체육관광부장관이 수립·시행하는 저작물, 실연(實演)·음반·방송 또는 데이터베이스(이하 "저작물등"이라 한다)의 권리관리정보 및 기술적 보호조치에 관한 시책에는 다음 각 호의 사항이 포함되어야 한다. 〈개정 2019. 7. 2.〉

1. 권리관리정보의 통합적 관리를 위한 표준체계 개발에 관한 사항
2. 권리관리정보의 제거·변경 등의 금지에 대한 예외사유에 관한 사항
3. 기술적 보호조치의 표준화에 관한 사항
4. 기술적 보호조치의 무력화 금지에 대한 예외사유에 관한 사항
5. 그 밖에 저작물등의 권리관리정보 및 기술적 보호를 위하여

문화체육관광부장관이 필요하다고 인정하는 사항

③ 문화체육관광부장관은 법 제2조의2제1항에 따른 시책을 수립하려면 관련 업계 및 이해관계자 등의 의견을 수렴하고, 관계 중앙행정기관의 장과 협의하여야 한다.

④ 문화체육관광부장관이 법 제2조의2제1항에 따른 시책을 수립한 경우에는 그 내용을 문화체육관광부 인터넷 홈페이지에 게시하여야 한다.

[본조신설 2009. 7. 22.]

제1조의3(공공저작물 이용활성화 시책 등) ① 법 제24조의2제2항에 따른 공공저작물 이용활성화 시책에는 다음 각 호의 사항이 포함되어야 한다.

1. 자유이용할 수 있는 공공저작물의 확대 방안
2. 공공저작물 권리 귀속 명확화 등 이용활성화를 위한 여건 조성에 관한 사항
3. 공공저작물의 민간 활용 촉진에 관한 사항
4. 공공저작물 자유이용에 관한 교육·훈련 및 홍보에 관한 사항
5. 자유이용할 수 있는 공공저작물임을 나타내기 위하여 문화체육관광부장관이 정한 표시 기준의 적용에 관한 사항
6. 공공저작물 자유이용과 관련된 제도의 정비에 관한 사항
7. 그 밖에 공공기관의 공공저작물 이용활성화를 위하여 필요한 사항

② 법 제24조의2제3항에 따라 「국유재산법」 제2조제11호에 따른 중앙관서의 장등(이하 “중앙관서의 장등”이라 한다) 또는 지방자치단체의 장은 법 제24조의2제1항제4호의 공공저작물 중 국민의 자유로운 이용이 필요하다고 인정하는 경우에는 「국유재산법」 제65조의8 및 「공유재산 및 물품관리법」 제20조·제29조에도 불구하고 사용·수익허가나 대부계약 체결 없이 해당 공공저작물을 자유롭게 사용하도록 할 수 있다. 이 경우 중앙관서의 장등 또는 지방자치단체의 장은 해당 공공저작물을 사용·수익허가나 대부계약 체결 없이 자유롭게 사용할 수 있다는 것을 알 수 있도록 제1항제5호에 따른 기준에

따라 표시할 수 있다.
[본조신설 2014. 6. 11.]

제2조(복제 · 공연 등 내역의 제출) 법 제25조제1항부터 제4항까지의 규정에 따라 공표된 저작물을 이용하려는 자는 법 제25조제7항에 따라 보상을 받을 권리를 행사하는 단체(이하 "보상금수령단체"라 한다)에 복제 · 배포 · 공연 · 전시 또는 공중송신의 내역을 제출하고 그에 해당하는 보상금을 지급해야 한다. 〈개정 2009. 7. 22., 2020. 8. 4.〉

제3조(보상금수령단체의 지정) ①문화체육관광부장관은 보상금수령단체를 지정하려면 법 제25조제7항 각 호의 요건을 갖춘 단체로서 구성원의 의결권 등이 평등하고 단체의 의사결정이 민주적으로 이루어지는 단체를 지정해야 한다. 〈개정 2008. 2. 29., 2020. 8. 4.〉

②문화체육관광부장관은 제1항에 따라 단체를 지정하면 이를 관보에 고시하여야 한다. 〈개정 2008. 2. 29.〉

제4조(보상 관계 업무 규정) 보상금수령단체는 다음 각 호의 사항을 포함하는 보상 관계 업무 규정을 정하여 문화체육관광부장관의 승인을 받아야 한다. 이를 변경하려는 때에도 또한 같다. 〈개정 2008. 2. 29.〉

1. 보상금 징수의 방법 및 절차에 관한 사항
2. 보상금의 분배에 관한 사항
3. 수수료에 관한 사항
4. 보상금의 관리에 관한 사항

제5조(회계) 보상금수령단체는 보상금에 관한 회계를 다른 회계와 구분하여 처리하여야 한다.

제6조(지정의 취소) ①문화체육관광부장관은 법 제25조제9항에 따라 보상금수령단체의 지정을 취소하려면 청문을 해야 한다. 〈개정 2008. 2. 29., 2020. 8. 4.〉

②문화체육관광부장관은 보상금수령단체의 지정을 취소한 경우에는 그 사실을 관보에 고시하여야 한다. 〈개정 2008. 2. 29.〉

제7조(보상금 분배 공고) 보상금수령단체는 다음 각 호의 사항을 포

함한 보상금 분배에 관한 사항을 「신문 등의 진흥에 관한 법률」 제9조제1항에 따라 보급지역을 전국으로 하여 등록한 일반일간신문과 보상금수령단체 및 문화체육관광부 인터넷 홈페이지에 각각 공고하여야 한다. 이 경우 인터넷 홈페이지에 공고하는 경우에는 1개월 이상 게시하여야 한다. 〈개정 2008. 2. 29., 2009. 7. 22., 2010. 1. 27., 2019. 4. 16.〉

1. 지급 근거
2. 지급 기준 및 대상
3. 지급 방법
4. 지급 기한 및 미분배 보상금(보상금 분배 공고를 한 날부터 5년이 경과할 때까지 분배하지 못한 보상금을 말한다. 이하 같다) 처리 방법
5. 담당자 및 연락처

제8조(미분배 보상금의 사용 승인) ① 삭제 〈2019. 4. 16.〉

②보상금수령단체는 법 제25조제10항 각 호 외의 부분 본문에 따라 미분배 보상금의 사용 승인을 받으려면 다음 각 호의 사항을 적은 문서를 문화체육관광부장관에게 제출해야 한다. 〈개정 2008. 2. 29., 2019. 4. 16., 2020. 8. 4.〉

1. 보상금 분배 공고일
2. 승인신청 금액
3. 보상금 사용 목적
4. 보상금 사용 계획
5. 승인신청 일시

③보상금수령단체는 미분배 보상금을 사용한 때에는 6개월 이내에 사용 보고서를 작성하여 문화체육관광부장관에게 제출하여야 한다. 〈개정 2008. 2. 29.〉

[제목개정 2019. 4. 16.]

제8조의2(미분배 보상금의 적립비율) 보상금수령단체는 법 제25조제10항 각 호 외의 부분 단서에 따라 미분배 보상금의 100분의 5 이상 100분의 30 이하의 범위에서 다음 각 호의 사항을 고려하여 문

화체육관광부장관이 정하여 고시하는 비율에 해당하는 금액을 적립해야 한다. 〈개정 2020. 8. 4.〉

1. 미분배 보상금의 추후 분배 실적

2. 미분배 보상금의 적립 현황

[본조신설 2019. 4. 16.]

제9조(교육기관의 복제방지조치 등 필요한 조치) 법 제25조제12항에서 "복제방지조치 등 대통령령으로 정하는 필요한 조치"란 다음 각 호의 조치를 말한다. 〈개정 2020. 8. 4.〉

1. 불법 이용을 방지하기 위하여 필요한 다음 각 목에 해당하는 기술적 조치

가. 전송하는 저작물을 수업을 받는 자 외에는 이용할 수 없도록 하는 접근제한조치

나. 전송하는 저작물을 수업을 받는 자 외에는 복제할 수 없도록 하는 복제방지조치

2. 저작물에 저작권 보호 관련 경고문구의 표시

3. 전송과 관련한 보상금을 산정하기 위한 장치의 설치

제10조(정당한 범위 등의 기준) 문화체육관광부장관은 법 제28조에 따른 정당한 범위와 공정한 관행에 관한 지침을 정하여 고시할 수 있다. 〈개정 2008. 2. 29.〉

제11조(상업적 목적으로 공표된 음반 등에 의한 공연의 예외) 법 제29조제2항 단서에서 "대통령령이 정하는 경우"란 다음 각 호의 어느 하나에 해당하는 공연을 말한다. 〈개정 2008. 2. 29., 2009. 7. 22., 2009. 8. 6., 2015. 6. 22., 2015. 7. 13., 2016. 9. 21., 2017. 3. 29., 2017. 8. 22., 2021. 12. 16.〉

1. 「식품위생법 시행령」 제21조제8호에 따른 영업소에서 하는 다음 각 목의 공연

가. 「식품위생법 시행령」 제21조제8호가목에 따른 휴게음식점 중 「통계법」 제22조에 따라 통계청장이 고시하는 산업에 관한 표준분류(이하 "한국표준산업분류"라 한다)에 따른 커피 전문점 또는 기타 비알코올 음료점업을 영위하는 영업소에서 하는 공연

나. 「식품위생법 시행령」 제21조제8호나목에 따른 일반음식점 중 한국표준산업분류에 따른 생맥주 전문점 또는 기타 주점업을 영위하는 영업소에서 하는 공연

다. 「식품위생법 시행령」 제21조제8호다목에 따른 단란주점과 같은 호 라목에 따른 유흥주점에서 하는 공연

라. 가목부터 다목까지의 규정에 해당하지 아니하는 영업소에서 하는 공연으로서 음악 또는 영상저작물을 감상하는 설비를 갖추고 음악이나 영상저작물을 감상하게 하는 것을 영업의 주요 내용의 일부로 하는 공연

2. 「한국마사회법」에 따른 경마장, 「경륜·경정법」에 따른 경륜장 또는 경정장에서 하는 공연

3. 「체육시설의 설치·이용에 관한 법률」에 따른 다음 각 목의 시설에서 하는 공연

가. 「체육시설의 설치·이용에 관한 법률」 제5조에 따른 전문체육시설 중 문화체육관광부령으로 정하는 전문체육시설

나. 「체육시설의 설치·이용에 관한 법률 시행령」 별표 1의 골프장, 무도학원, 무도장, 스키장, 에어로빅장 또는 체력단련장

4. 「항공사업법」에 따른 항공운송사업용 여객용 항공기, 「해운법」에 따른 해상여객운송사업용 선박 또는「철도사업법」에 따른 여객용 열차에서 하는 공연

5. 「관광진흥법」에 따른 호텔·휴양콘도미니엄·카지노 또는 유원시설에서 하는 공연

6. 「유통산업발전법」 별표에 따른 대규모점포(「전통시장 및 상점가 육성을 위한 특별법」 제2조제1호에 따른 전통시장은 제외한다)에서 하는 공연

7. 「공중위생관리법」 제2조제1항제2호 숙박업 및 같은 항 제3호 나목의 목욕장에서 영상저작물을 감상하게 하기 위한 설비를 갖추고 하는 상업적 목적으로 공표된 영상저작물의 공연

8. 다음 각 목의 어느 하나에 해당하는 시설에서 영상저작물을 감상하게 하기 위한 설비를 갖추고 발행일부터 6개월이 지나지 아

니한 상업적 목적으로 공표된 영상저작물을 재생하는 형태의 공연

가. 국가 · 지방자치단체(그 소속기관을 포함한다)의 청사 및 그 부속시설

나. 「공연법」에 따른 공연장

다. 「박물관 및 미술관 진흥법」에 따른 박물관 · 미술관

라. 「도서관법」에 따른 도서관

마. 「지방문화원진흥법」에 따른 지방문화원

바. 「사회복지사업법」에 따른 사회복지관

사. 「양성평등기본법」 제47조 및 제50조에 따른 여성인력개발센터 및 여성사박물관

아. 「청소년활동진흥법」 제10조제1호가목에 따른 청소년수련관

자. 「지방자치법」 제161조에 따른 공공시설 중 시 · 군 · 구민회관

[제목개정 2016. 9. 21.]

제12조(복제할 수 있는 시설의 범위) 법 제31조제1항 각 호 외의 부분 본문에서 "대통령령이 정하는 시설"이란 다음 각 호의 어느 하나에 해당하는 시설을 말한다. 〈개정 2022. 12. 6.〉

1. 「도서관법」에 따른 국립중앙도서관 · 공공도서관 · 대학도서관 · 학교도서관 · 전문도서관(영리를 목적으로 하는 법인 또는 단체에서 설립한 전문도서관으로서 그 소속원만을 대상으로 도서관 봉사를 하는 것을 주된 목적으로 하는 도서관은 제외한다) 및 특수도서관

2. 국가, 지방자치단체, 영리를 목적으로 하지 아니하는 법인 또는 단체가 도서 · 문서 · 기록과 그 밖의 자료(이하 "도서등"이라 한다)를 보존 · 대출하거나 그 밖에 공중의 이용에 제공하기 위하여 설치한 시설

제13조(도서관등의 복제방지조치 등 필요한 조치) 법 제31조제7항에서 "대통령령이 정하는 필요한 조치"란 다음 각 호의 조치를 말한다.

1. 불법 이용을 방지하기 위하여 필요한 다음 각 목에 해당하는 기술적 조치

가. 제12조에 따른 시설(이하 "도서관등"이라 한다)의 이용자가 도서관등의 안에서 열람하는 것 외의 방법으로는 도서등을 이용할

수 없도록 하는 복제방지조치

나. 도서관등의 이용자 외에는 도서등을 이용할 수 없도록 하는 접근제한 조치

다. 도서관등의 이용자가 도서관등의 안에서 열람하는 것 외의 방법으로 도서등을 이용하거나 그 내용을 변경한 경우 이를 확인할 수 있는 조치

라. 판매용으로 제작된 전자기록매체의 이용을 방지할 수 있는 장치의 설치

2. 저작권 침해를 방지하기 위한 도서관 직원 교육

3. 컴퓨터 등에 저작권 보호 관련 경고표지의 부착

4. 법 제31조제5항에 따른 보상금을 산정하기 위한 장치의 설치

제14조(시각장애인 등의 범위) 법 제33조제1항에서 "대통령령으로 정하는 사람"이란 다음 각 호의 어느 하나에 해당하는 사람을 말한다. 〈개정 2013. 10. 16., 2024. 2. 6.〉

1. 「장애인복지법 시행령」 별표 1 제3호에 따른 시각장애인

가. 삭제 〈2013. 10. 16.〉

나. 삭제 〈2013. 10. 16.〉

2. 신체적 또는 정신적 장애로 인하여 도서를 다루지 못하거나 독서 능력이 뚜렷하게 손상되어 정상적인 독서를 할 수 없는 사람

[제15조에서 이동, 종전 제14조는 제14조의2로 이동 〈2024. 2. 6.〉]

제14조의2(시각장애인등을 위한 복제·변환 등이 허용되는 시설 및 대체자료의 범위) ①법 제33조제2항에서 "대통령령이 정하는 시설"이란 다음 각 호의 어느 하나에 해당하는 시설을 말한다. 〈개정 2009. 7. 22., 2013. 10. 16., 2024. 2. 6.〉

1. 「장애인복지법」 제58조제1항에 따른 장애인복지시설 중 다음 각 목의 어느 하나에 해당하는 시설

가. 제14조 각 호의 어느 하나에 해당하는 사람(이하 "시각장애인등"이라 한다)을 위한 장애인 거주시설

나. 장애인 지역사회재활시설 중 점자도서관

다. 장애인 지역사회재활시설 및 장애인 직업재활시설 중 시각장애인등을 보호하고 있는 시설

2. 「유아교육법」, 「초ㆍ중등교육법」 및 「장애인 등에 대한 특수교육법」에 따른 특수학교와 시각장애인등을 위하여 특수학급을 둔 각급학교

3. 국가ㆍ지방자치단체, 영리를 목적으로 하지 아니하는 법인 또는 단체가 시각장애인등의 교육ㆍ학술 또는 복리 증진을 목적으로 설치ㆍ운영하는 시설

② 법 제33조제2항 및 제3항에 따른 시각장애인등이 인지할 수 있는 대체자료의 범위는 각각 다음 각 호와 같다. 〈개정 2024. 2. 6.〉

1. 「장애인차별금지 및 권리구제 등에 관한 법률」 제14조제1항제4호에 따른 인쇄물 접근성바코드가 삽입된 자료

2. 시각장애인등을 위하여 저작물등의 시각적 표현을 음성으로 변환하여 녹음한 자료

3. 시각장애인등을 위하여 표준화된 디지털음성정보기록방식으로 작성된 자료

4. 화면의 장면, 자막 등을 음성으로 전달하는 화면해설 자료

5. 그 밖에 문자 및 영상 등의 시각적 표현을 청각ㆍ촉각 등 시각장애인등이 인지할 수 있는 형태로 변환한 자료로서 시각장애인등 외에는 이용할 수 없도록 하는 기술적 보호조치가 적용된 자료

[제목개정 2024. 2. 6.]

[제14조에서 이동 〈2024. 2. 6.〉]

제15조(청각장애인 등의 범위) 법 제33조의2제1항부터 제3항까지에 따른 청각장애인 등의 범위는 「장애인복지법 시행령」 별표 1 제4호에 따른다. 〈개정 2024. 2. 6.〉

[본조신설 2013. 10. 16.]

[제15조의3에서 이동, 종전 제15조는 제14조로 이동 〈2024. 2. 6.〉]

제15조의2(청각장애인 등을 위한 복제ㆍ변환 등이 허용되는 시설 및 대체자료의 범위) ① 법 제33조의2제2항에서 "대통령령으로 정하는 시설"이란 다음 각 호의 어느 하나에 해당하는 시설을 말한다.

〈개정 2016. 8. 2., 2024. 2. 6.〉

1. 「장애인복지법」 제58조제1항에 따른 장애인복지시설 중 다음 각 목의 어느 하나에 해당하는 시설

가. 장애인 지역사회재활시설 중 한국수어통역센터

나. 장애인 지역사회재활시설 및 장애인 직업재활시설 중 청각장애인 등을 보호하고 있는 시설

2. 「유아교육법」, 「초·중등교육법」 및 「장애인 등에 대한 특수교육법」에 따른 특수학교와 청각장애인 등을 위하여 특수학급을 둔 각급학교

3. 국가·지방자치단체, 영리를 목적으로 하지 아니하는 법인 또는 단체가 청각장애인 등의 교육·학술 또는 복리 증진을 목적으로 설치·운영하는 시설

② 법 제33조의2제2항 및 제3항에 따른 청각장애인 등이 인지할 수 있는 대체자료의 범위는 각각 다음 각 호와 같다. 〈신설 2024. 2. 6.〉

1. 음성 및 음향 등을 화면에 글자로 전달하는 자료

2. 그 밖에 음성 및 음향 등을 시각·촉각 등 청각장애인 등이 인지할 수 있는 형태로 변환한 자료로서 청각장애인 등 외에는 이용할 수 없도록 하는 기술적 보호조치가 적용된 자료

[본조신설 2013. 10. 16.]

[제목개정 2024. 2. 6.]

제16조(녹음물 등의 보존시설) 법 제34조제2항 단서에서 "대통령령이 정하는 장소"란 다음 각 호의 어느 하나에 해당하는 시설 내를 말한다.

1. 기록의 보존을 목적으로 국가나 지방자치단체가 설치·운영하는 시설

2. 방송용으로 제공된 녹음물이나 녹화물을 기록 자료로 수집·보존하기 위하여 「방송법」 제2조제3호에 따른 방송사업자가 운영하거나 그의 위탁을 받아 녹음물 등을 보존하는 시설

제16조의2(문화시설의 범위) 법 제35조의4제1항에서 "대통령령으로

정하는 문화시설"이란 다음 각 호의 어느 하나에 해당하는 시설(이하 "문화시설"이라 한다)을 말한다. 〈개정 2022. 12. 6.〉

1. 「국회법」 제22조에 따른 국회도서관

2. 「도서관법」 제19조에 따른 국립중앙도서관 및 같은 법 제25조에 따른 광역대표도서관

3. 「박물관 및 미술관 진흥법」 제10조에 따른 국립중앙박물관·국립현대미술관 및 국립민속박물관

[본조신설 2020. 5. 26.]

제16조의3(상당한 조사의 기준) 법 제35조의4제1항에서 "대통령령으로 정하는 기준에 해당하는 상당한 조사"란 다음 각 호의 요건을 모두 충족하는 조사를 말한다. 〈개정 2022. 12. 6.〉

1. 법 제35조의4에 따라 공표된 저작물을 이용하려는 문화시설이 그 문화시설에서 보관하고 있는 자료를 통해 저작재산권자나 그의 거소에 관한 정보를 확인할 것

2. 법 제55조제1항에 따른 저작권등록부를 통해 해당 저작물의 저작재산권자나 그의 거소에 관한 정보를 조회할 것

3. 보상금수령단체 및 법 제105조제1항 본문에 따라 저작권신탁관리업의 허가를 받은 자(이하 "저작권신탁관리업자"라 한다)에게 문화체육관광부령으로 정하는 바에 따라 저작재산권자나 그의 거소에 관한 정보를 조회할 것

4. 제73조제2항에 따른 권리자가 불명인 저작물등의 권리자 찾기 정보시스템(이하 "권리자 찾기 정보시스템"이라 한다)을 통해 저작재산권자나 그의 거소에 관한 정보를 조회할 것

5. 「도서관법」 제3조제2호에 따른 도서관자료 및 같은 법 제20조제1항제3호에 따른 국가 서지에 관한 정보를 통해 저작재산권자나 그의 거소에 관한 정보를 조회할 것

6. 「콘텐츠산업 진흥법」 제23조에 따른 콘텐츠 식별체계를 통해 저작재산권자나 그의 거소에 관한 정보를 조회할 것

7. 국내의 정보통신망 정보검색도구를 이용하여 저작재산권자나 그의 거소에 관한 정보를 검색할 것

8. 창작자에 관한 정보를 관리하고 있는 단체(「공공기관의 운영에 관한 법률」 제4조에 따른 공공기관을 포함한다)로서 문화체육관광부장관이 정하여 고시하는 단체에 문화체육관광부령으로 정하는 바에 따라 저작재산권자나 그의 거소에 관한 정보를 조회할 것

[본조신설 2020. 5. 26.]

제16조의4(저작물의 이용 중단 요구) 법 제35조의4제2항에 따라 문화시설에 저작물의 이용을 중단할 것을 요구하려는 저작재산권자는 문화체육관광부령으로 정하는 저작물 이용 중단 요구서(전자문서로 된 요구서를 포함한다)에 다음 각 호의 어느 하나에 해당하는 소명자료(전자문서를 포함한다)를 첨부하여 문화시설에 제출해야 한다.

1. 자신이 그 저작물의 권리자로 표시된 저작권 등의 등록증 사본 또는 그에 상당하는 자료

2. 자신의 성명이나 명칭(이하 "성명등"이라 한다) 또는 예명ㆍ아호ㆍ약칭 등(이하 "이명"이라 한다)으로서 널리 알려진 것이 표시되어 있는 저작물의 사본 또는 그에 상당하는 자료

[본조신설 2020. 5. 26.]

제16조의5(보상금 결정 신청 및 결정 절차) ① 법 제35조의4제4항에 따라 보상금 결정을 신청하려는 자는 문화체육관광부령으로 정하는 보상금 결정 신청서를 문화체육관광부장관에게 제출해야 한다.

② 문화체육관광부장관은 제1항에 따른 보상금 결정 신청을 받은 경우 해당 문화시설 및 저작재산권자에게 7일 이상 14일 이내의 기간을 정하여 의견을 제출할 기회를 주어야 한다.

③ 문화체육관광부장관은 제1항에 따른 보상금 결정 신청을 받은 날부터 2개월 이내에 보상금 규모 및 지급 시기를 결정해야 한다. 다만, 부득이한 사유로 인하여 해당 기간 내에 보상금 규모 및 지급 시기를 결정할 수 없는 경우에는 2개월의 범위에서 한 차례만 그 기간을 연장할 수 있다.

④ 문화체육관광부장관은 법 제35조의4제5항에 따라 보상금 규모 및 지급 시기를 결정한 경우에는 그 내용을 권리자 찾기 정보시스템에 공고해야 한다.

[본조신설 2020. 5. 26.]

제16조의6(저작물 관련 정보의 게시 등) ① 법 제35조의4제1항에 따라 저작물을 이용하려는 문화시설은 같은 조 제6항에 따라 다음 각 호의 사항을 문화시설의 인터넷 홈페이지에 게시하고, 그 내용을 문화체육관광부장관에게 제출해야 한다.

1. 저작물의 제호 및 공표연월일
2. 저작자 또는 저작재산권자의 성명등 또는 이명
3. 저작물을 이용하는 문화시설의 명칭
4. 저작물의 이용 방법ㆍ형태 및 이용개시연월일

② 법 제35조의4제1항에 따라 저작물을 이용하려는 문화시설은 같은 조 제6항에 따라 이용하는 저작물의 저작권 및 그 밖에 법에 따라 보호되는 권리의 침해를 방지하기 위하여 다음 각 호의 조치를 해야 한다.

1. 문화시설을 이용하는 자가 열람하는 것 외의 방법으로는 저작물을 이용할 수 없도록 하는 복제방지조치
2. 문화시설을 이용하는 자가 열람하는 것 외의 방법으로 저작물을 이용하거나 그 내용을 변경한 경우 이를 확인할 수 있는 조치
3. 저작물에 제1호 및 제2호의 조치 관련 경고문구의 표시
4. 법 제35조의4제3항에 따른 보상금을 산정하기 위한 조치
5. 저작물의 복제물에 법 제35조의4에 따라 저작물을 이용한다는 내용의 표시

[본조신설 2020. 5. 26.]

제17조(출처 명시의 방법) 문화체육관광부장관은 법 제37조제2항에 따른 저작물의 이용 상황에 따른 합리적인 출처 명시 방법에 관한 지침을 정하여 고시할 수 있다. 〈개정 2008. 2. 29.〉

제18조(상당한 노력의 기준) ①법 제50조제1항에서 "대통령령으로 정하는 기준에 해당하는 상당한 노력"이란 다음 각 호의 요건을 모두 충족하는 것을 말한다. 〈개정 2008. 2. 29., 2009. 7. 22., 2010. 1. 27., 2012. 4. 12., 2015. 7. 13., 2016. 9. 21., 2020. 5. 26., 2020. 8. 4., 2024. 10. 2.〉

1. 법 제55조제7항에 따른 저작권등록부의 열람 또는 그 사본의 발급 신청을 통하여 해당 저작물의 저작재산권자나 그의 거소를 조회할 것

2. 다음 각 목의 구분에 따른 자에게 저작재산권자나 그의 거소를 확인하기 위하여 확정일자 있는 문서를 보냈으나 이를 알 수 없다는 회신을 받거나 문서를 발송한 날부터 20일이 지났는데도 회신이 없을 것

가. 해당 저작물이 속하는 분야의 저작물을 관리하는 저작권신탁관리업자가 있는 경우: 저작권신탁관리업자

나. 해당 저작물이 속하는 분야의 저작물을 관리하는 저작권신탁관리업자가 없는 경우: 다음의 어느 하나에 해당하는 자

1) 법 제105조제1항 본문에 따라 저작권대리중개업의 신고를 한 자(이하 "저작권대리중개업자"라 한다)

2) 해당 저작물에 대한 이용을 허락받은 사실이 있는 이용자 중 2명 이상

3. 저작재산권자나 그의 거소 등 문화체육관광부령으로 정하는 사항을 다음 각 목의 어느 하나에 공고한 날부터 10일이 지났을 것

가. 「신문 등의 진흥에 관한 법률」 제9조제1항에 따라 보급지역을 전국으로 하여 등록한 일반일간신문

나. 권리자 찾기 정보시스템

4. 국내의 정보통신망 정보검색도구를 이용하여 저작재산권자나 그의 거소를 검색할 것

② 법 제50조에 따라 이용하려는 저작물이 법 제25조제10항 본문(법 제31조제6항에서 준용하는 경우를 포함한다)에 따른 보상금 분배 공고를 한 날부터 5년이 경과한 미분배 보상금 관련 저작물, 그 밖에 저작재산권자나 그의 거소가 명확하지 않은 저작물에 해당하고 문화체육관광부장관이 그 저작물에 대하여 다음 각 호의 모든 노력을 한 경우에는 제1항 각 호의 상당한 노력의 모든 요건을 충족한 것으로 본다. 〈신설 2012. 4. 12., 2015. 7. 13., 2019. 4. 16., 2020. 8. 4.〉

1. 법 제55조에 따른 저작권등록부를 통한 해당 저작물의 저작재산권자나 그의 거소의 조회

2. 제52조제3항에 따라 저작권위탁관리업자가 보고한 사항을 통한 해당 저작물의 저작재산권자나 그의 거소의 조회

3. 권리자 찾기 정보시스템에 저작재산권자나 그의 거소 등 문화체육관광부령으로 정하는 사항을 공고한 날부터 2개월 이상이 지났을 것

제19조(저작물 이용 등의 승인신청) 법 제50조부터 제52조까지의 규정에 따라 저작물의 이용, 방송 또는 음반제작에 관한 승인을 받으려는 자는 문화체육관광부령으로 정하는 바에 따라 저작물 이용 승인신청서를 문화체육관광부장관에게 제출하여야 한다. 〈개정 2008. 2. 29.〉

제20조(의견제출 등) ①문화체육관광부장관은 제19조에 따라 승인신청을 받으면 다음 각 호에 따른 조치를 하여야 한다. 〈개정 2008. 2. 29., 2012. 4. 12., 2015. 7. 13.〉

1. 법 제50조에 따른 저작재산권자가 불명인 저작물 이용 승인신청의 경우에는 10일간 신청 내용을 권리자 찾기 정보시스템에 공고할 것

2. 법 제51조 또는 법 제52조에 따른 방송 또는 음반제작 승인신청의 경우에는 해당 저작재산권자나 그 대리인에게 7일 이상 30일 이내의 기간을 정하여 의견을 제출할 기회를 줄 것

②제1항제2호에 따라 의견 제출의 기회를 주려는 때에는 7일 이전에 해당 저작재산권자나 그 대리인에게 서면으로 알려야 하며, 기간 내에 의견을 제출하지 아니하는 경우에는 의견 제출의 기회를 포기하는 것으로 본다는 뜻을 명시하여야 한다.

③법 제50조제3항 단서에 따라 이의를 제기하려는 저작재산권자는 이의신청서에 다음 각 호의 자료를 첨부하여 문화체육관광부장관에게 제출하여야 한다. 〈개정 2008. 2. 29., 2009. 7. 22., 2020. 5. 26.〉

1. 자신이 그 저작물의 권리자로 표시된 저작권 등의 등록증 사

본 또는 그에 상당하는 자료

2. 자신의 성명등 또는 이명으로서 널리 알려진 것이 표시되어 있는 저작물등의 사본 또는 그에 상당하는 자료

제21조(승인의 통지 등) ①문화체육관광부장관은 법 제50조부터 제52조까지의 규정에 따른 승인을 하는 경우에는 그 내용을 신청인과 해당 저작재산권자에게 알려야 한다. 이 경우 저작재산권자나 그의 거소를 알 수 없는 경우에는 권리자 찾기 정보시스템에 공고하여야 한다. 〈개정 2008. 2. 29., 2012. 4. 12., 2015. 7. 13.〉

②문화체육관광부장관은 법 제50조제1항에 따른 승인을 한 경우에는 법 제50조제4항에 따라 다음 각 호의 내용을 권리자 찾기 정보시스템에 1개월 이상 게시하여야 한다. 〈개정 2008. 2. 29., 2009. 7. 22., 2012. 4. 12., 2020. 5. 26.〉

1. 저작물의 제호 및 공표연월일
2. 저작자 또는 저작재산권자의 성명
3. 이용 승인을 받은 자의 성명
4. 저작물의 이용 승인 조건(이용허락기간 및 보상금)
5. 저작물의 이용 방법 및 형태

제22조(승인신청의 기각) ①문화체육관광부장관은 제19조에 따른 저작물 이용 등의 승인신청이 다음 각 호의 어느 하나에 해당하면 이를 기각한다. 〈개정 2008. 2. 29.〉

1. 법 제50조부터 제52조까지의 규정에 따른 저작물 이용의 신청요건을 갖추지 못한 경우

2. 저작물 이용의 승인 전에 저작재산권자나 그의 거소가 확인되었거나 협의가 성립된 경우

3. 저작재산권자가 저작물의 출판이나 그 밖의 이용에 제공되지 아니 하도록 저작물의 모든 복제물을 회수할 경우

4. 해당 저작물이 아니더라도 그 목적을 달성할 수 있다고 인정되거나 저작재산권자가 저작물의 이용을 허락할 수 없는 부득이한 사유가 있다고 인정될 경우

②문화체육관광부장관은 제1항에 따라 승인신청을 기각한 경우에

는 그 사유를 명시하여 신청인과 저작재산권자에게 알려야 한다. 다만, 저작재산권자나 그의 거소를 알 수 없는 경우에는 신청인에게만 알린다. 〈개정 2008. 2. 29.〉

제23조(보상금의 지급 사실 공고) 법 제112조에 따른 한국저작권위원회(이하 "위원회"라 한다)는 법 제50조제1항에 따라 보상금을 지급받은 경우 그 사실을 문화체육관광부령으로 정하는 바에 따라 공고해야 한다.

[본조신설 2020. 5. 26.]

[종전 제23조는 제23조의4로 이동 〈2020. 5. 26.〉]

제23조의2(보상금의 청구 절차) ① 법 제50조제1항에 따른 보상금을 받으려는 저작재산권자(이하 "보상금청구인"라 한다)는 문화체육관광부령으로 정하는 보상금 청구서에 다음 각 호의 어느 하나에 해당하는 입증 자료를 첨부하여 위원회에 제출해야 한다.

1. 자신이 그 저작물의 권리자로 표시된 저작권 등의 등록증 사본 또는 그에 상당하는 자료

2. 자신의 성명등 또는 이명으로서 널리 알려진 것이 표시되어 있는 저작물의 사본 또는 그에 상당하는 자료

② 보상금청구인이 둘 이상의 저작물에 대하여 법 제50조제1항에 따른 보상금을 청구하려는 경우에는 일괄하여 하나의 청구서로 제출할 수 있다.

③ 위원회는 제1항에 따라 보상금 청구서를 받은 때에는 지체 없이 보상금청구인이 해당 저작물의 권리자인지를 확인하기 위한 조사를 해야 한다.

④ 위원회는 제3항에 따른 조사를 위하여 보상금청구인에게 해당 저작물의 권리자인지를 확인하는 데 필요한 자료를 요청할 수 있다.

[본조신설 2020. 5. 26.]

제23조의3(미분배 보상금의 사용 승인) 법 제50조제6항에 따른 미분배 보상금의 사용 승인에 관하여는 제8조를 준용한다. 이 경우 "보상금수령단체"는 "한국저작권위원회"로, "보상금 분배 공고일"은 "보상금 지급일"로 본다.

[본조신설 2020. 5. 26.]

제23조의4(보상금의 공탁) ①법 제51조 및 제52조에 따라 보상금을 공탁할 수 있는 경우는 다음 각 호와 같다. 〈개정 2020. 5. 26.〉

1. 삭제 〈2020. 5. 26.〉

2. 저작재산권자가 보상금 수령을 거부하거나 수령할 수 없는 경우

3. 해당 저작재산권자의 권리를 목적으로 하는 질권이 설정되어 있는 경우(저작재산권자가 해당 질권을 가진 자의 승낙을 받은 경우는 제외한다)

②제1항에 따른 보상금의 공탁은 해당 저작재산권자의 주소가 대한민국 내에 있을 경우에는 해당 주소지의 관할 공탁소에, 그 밖의 경우에는 보상금을 공탁하는 자의 주소지의 관할 공탁소에 하여야 한다.

③제1항에 따라 보상금을 공탁한 자는 그 사실을 공탁물을 수령할 자에게 알려야 한다. 〈개정 2020. 5. 26.〉

④ 삭제 〈2020. 5. 26.〉

[제23조에서 이동 〈2020. 5. 26.〉]

제24조(등록 사항) 법 제53조제1항제4호에서 "대통령령으로 정하는 사항"이란 다음 각 호의 사항을 말한다. 〈개정 2024. 2. 6.〉

1. 2차적저작물의 경우 원저작물의 제호 및 저작자

2. 저작물이 공표된 경우에는 그 저작물이 공표된 매체에 관한 정보

3. 등록권리자가 2명 이상인 경우 각자의 지분에 관한 사항

4. 업무상저작물인 경우에는 해당 저작물의 업무상 작성에 참여한 사람의 성명 및 생년월일

제25조(신청주의) ①법 제53조 및 법 제54조에 따른 등록은 이 영에 다른 규정이 있는 경우 외에는 신청이나 촉탁이 있어야 한다.

②촉탁에 의한 등록의 절차에 대하여는 신청으로 인한 등록에 관한 규정을 준용한다.

제26조(등록신청) ①법 제53조 및 법 제54조에 따른 등록을 하려는

자는 문화체육관광부령으로 정하는 바에 따라 등록신청서를 위원회에 제출해야 한다. 〈개정 2008. 2. 29., 2020. 8. 4.〉

②법 제54조에 따른 등록을 하려면 이 영에 다른 규정이 있는 경우 외에는 등록권리자와 등록의무자가 공동으로 신청하여야 한다. 다만, 신청서에 등록의무자의 승낙서를 첨부하였을 때에는 등록권리자만으로 신청할 수 있다.

③판결 · 상속이나 그 밖의 일반승계 또는 촉탁에 따른 등록은 등록권리자만으로 신청할 수 있다.

④ 저작권신탁관리업자가 법 제54조제1호에 따라 신탁저작물을 등록할 때에는 저작권신탁관리업자만으로 신청할 수 있다. 〈신설 2009. 7. 22., 2016. 9. 21.〉

⑤등록명의인 표시를 변경하거나 정정하기 위한 등록은 등록명의인만으로 신청할 수 있다. 〈개정 2009. 7. 22.〉

제27조(저작권등록부 기재 등) ①법 제55조제1항에 따른 저작권등록부(컴퓨터프로그램저작물의 경우에는 컴퓨터프로그램저작물등록부를 말한다. 이하 같다)에는 다음 각 호의 사항을 기재해야 한다. 〈개정 2009. 7. 22., 2024. 2. 6.〉

1. 등록번호
2. 저작물의 제호
3. 저작자 등의 성명
4. 창작 · 공표 및 발행 연월일
5. 등록권리자의 성명 및 주소
6. 등록의 내용
7. 업무상저작물인 경우에는 해당 저작물의 업무상 작성에 참여한 사람의 성명 및 생년월일

②저작권등록부의 서식과 그 밖에 필요한 사항은 문화체육관광부령으로 정한다. 〈개정 2008. 2. 29.〉

제27조의2(신청의 반려방법) 법 제55조제2항에 따라 위원회는 등록신청을 반려하려는 경우에는 그 사유를 명시한 서면을 작성하여 신청인에게 알려야 한다. 〈개정 2008. 2. 29., 2020. 8. 4.〉

[제32조에서 이동 〈2020. 8. 4.〉]

제27조의3(등록신청 반려에 대한 이의신청) 법 제55조제3항에 따라 이의신청을 하려는 자는 문화체육관광부령으로 정하는 바에 따라 이의신청서를 위원회에 제출해야 한다.

[본조신설 2020. 8. 4.]

제27조의4(등록공보의 발행 등) ①위원회는 법 제55조제6항에 따라 2개월에 1회 이상 등록공보를 발행하거나 등록공보의 내용을 위원회의 인터넷 홈페이지에 게시해야 한다. 〈개정 2008. 2. 29., 2009. 7. 22., 2020. 8. 4.〉

②제1항에 따른 등록공보에는 제27조제1항 각 호의 사항을 적어야 한다.

[제33조에서 이동 〈2020. 8. 4.〉]

제27조의5(저작권등록부의 열람 등) 법 제55조제7항에 따라 저작권등록부를 열람하거나 그 사본을 발급받으려는 자는 문화체육관광부령으로 정하는 바에 따라 신청서를 위원회에 제출해야 한다. 〈개정 2008. 2. 29., 2020. 8. 4.〉

[제목개정 2020. 8. 4.]

[제34조에서 이동 〈2020. 8. 4.〉]

제28조(등록증의 발급 등) ①위원회는 등록신청을 받아 이를 저작권등록부에 기재한 경우에는 신청인에게 문화체육관광부령으로 정하는 바에 따라 등록증을 발급하여야 한다. 〈개정 2008. 2. 29., 2009. 7. 22., 2020. 8. 4.〉

②분실ㆍ멸실 또는 훼손으로 인하여 등록증을 재발급 받으려는 자는 문화체육관광부령으로 정하는 바에 따라 등록증 재발급 신청서를 위원회에 제출해야 한다. 〈개정 2008. 2. 29., 2020. 8. 4.〉

제29조 삭제 〈2020. 8. 4.〉

제30조(등록 사항의 변경 등) ① 법 제55조의3제1항에 따라 등록된 사항에 대하여 변경ㆍ경정ㆍ말소등록 또는 말소한 등록의 회복등록(이하 이 조에서 "변경등록등"이라 한다)을 신청하려는 경우에는 문화체육관광부령으로 정하는 바에 따라 변경등록등 신청서에 이를 증명하

는 서류를 첨부하여 위원회에 제출해야 한다. 〈개정 2020. 8. 4.〉

② 위원회는 법 제55조의3제2항에 따라 변경등록등 신청을 반려하려는 경우에는 그 사유를 명시한 서면을 신청인에게 보내주어야 한다. 〈신설 2020. 8. 4.〉

③ 법 제55조의3제3항에 따라 이의신청을 하려는 자는 문화체육관광부령으로 정하는 바에 따라 이의신청서를 위원회에 제출해야 한다. 〈신설 2020. 8. 4.〉

④ 위원회는 제1항에 따른 신청을 받은 때에는 그 내용을 저작권등록부에 기재한 후, 변경 또는 경정하거나 말소한 등록의 회복등록을 한 경우에는 새로운 등록증을 신청인에게 발급하고, 말소한 경우에는 그 사실을 신청인에게 통지해야 한다. 〈신설 2009. 7. 22., 2020. 8. 4.〉

제31조 삭제 〈2020. 8. 4.〉

제32조

[종전 제32조는 제27조의2로 이동 〈2020. 8. 4.〉]

제33조

[종전 제33조는 제27조의4로 이동 〈2020. 8. 4.〉]

제34조

[종전 제34조는 제27조의5로 이동 〈2020. 8. 4.〉]

제35조(전산정보처리시스템에 의한 등록) 제24조부터 제27조까지, 제27조의2부터 제27조의5까지, 제28조 및 제30조의 규정에 따른 등록 및 이와 관련된 업무는 전산정보처리시스템으로 처리할 수 있다. 〈개정 2009. 7. 22., 2020. 8. 4.〉

[제목개정 2009. 7. 22.]

제36조(인증기관의 지정 등) ①법 제56조제1항에 따라 인증기관으로 지정받을 수 있는 기관은 다음 각 호와 같다. 〈개정 2008. 2. 29., 2009. 7. 22., 2012. 4. 12., 2020. 5. 26.〉

1. 위원회
2. 저작권신탁관리업자
3. 그 밖에 문화체육관광부장관이 인증업무를 수행할 능력이 있다

고 인정하는 법인이나 단체

②제1항에 따라 인증기관으로 지정받으려는 자는 다음 각 호의 요건을 갖추어야 한다.

1. 인증업무 수행과 관련하여 이용자에게 입힌 손해를 배상할 수 있는 능력이 있을 것

2. 이용자의 등록정보 관리 및 인증서를 생성·발급하기 위한 설비를 갖출 것

3. 인증업무에 관한 시설 및 장비를 안전하게 운영하기 위한 보호설비를 갖출 것

③인증기관으로 지정받으려는 자는 문화체육관광부령으로 정하는 인증기관지정신청서에 제2항 각 호의 요건을 갖추었음을 증명하는 서류와 다음 각 호의 사항을 포함한 인증업무규정을 첨부하여 문화체육관광부장관에게 제출하여야 한다. 〈개정 2008. 2. 29.〉

1. 인증의 종류

2. 인증기준

3. 인증업무의 수행 방법 및 절차

4. 인증역무의 이용 조건

④문화체육관광부장관은 인증기관을 지정한 경우에는 문화체육관광부령으로 정하는 바에 따라 인증기관 지정서를 발급하여야 한다. 〈개정 2008. 2. 29.〉

⑤제4항에 따라 지정받은 인증기관이 인증업무규정의 내용을 변경하려면 변경지정을 받아야 한다.

⑥문화체육관광부장관은 인증기관이 다음 각 호의 어느 하나에 해당하면 그 지정을 취소할 수 있다. 〈개정 2008. 2. 29.〉

1. 제1항 및 제2항의 요건을 갖추지 못한 경우

2. 인증업무규정에 위반하여 인증업무를 처리한 경우

3. 정당한 이유없이 1년 이상 계속하여 인증업무를 하지 아니한 경우

⑦문화체육관광부장관이 인증기관을 지정하거나 그 지정을 취소한 경우에는 이를 관보에 고시하여야 한다. 〈개정 2008. 2. 29.〉

제37조(인증 절차 등) ①법 제56조에 따라 인증을 받으려는 자는 제36조제7항에 따라 고시된 인증기관에 문화체육관광부령으로 정하는 인증신청서를 제출하여야 한다. 〈개정 2008. 2. 29.〉

②인증기관은 제1항에 따라 인증을 신청한 자가 정당한 권리자(정당한 권리자로부터 저작물등의 이용허락을 받은 경우를 포함한다)라고 인정되는 경우에는 이를 인증하여야 한다.

③인증기관이 제2항에 따라 인증을 하면 문화체육관광부령으로 정하는 인증서를 발급하여야 한다. 〈개정 2008. 2. 29.〉

④제3항에 따라 인증서를 발급받은 자는 저작물에 인증 범위와 유효기간 등을 나타내는 인증표시를 할 수 있다.

⑤ 법 제56조에 따른 인증기관의 인증 및 이와 관련된 업무는 전산정보처리시스템으로 처리할 수 있다. 〈신설 2020. 8. 4.〉

⑥제1항부터 제5항까지의 규정에서 정한 것 외에 인증의 절차 및 기준, 인증표시, 그 밖에 인증업무와 관련하여 필요한 세부적인 사항은 문화체육관광부장관이 정하여 고시한다. 〈개정 2008. 2. 29., 2020. 8. 4.〉

제38조(저작재산권자의 표지) 법 제58조제3항 본문에 따른 저작재산권자의 표지에 수록되는 사항은 다음 각 호와 같다. 〈개정 2008. 12. 3., 2010. 1. 27., 2012. 4. 12., 2020. 8. 4.〉

1. 복제의 대상이 외국인의 저작물일 경우에는 저작재산권자의 성명 및 맨 처음의 발행연도의 표지
2. 복제의 대상이 대한민국 국민의 저작물일 경우에는 제1호에 따른 표지 및 저작재산권자의 검인
3. 배타적발행권자가 복제권의 양도를 받은 경우에는 그 취지의 표시

[제목개정 2012. 4. 12.]

제38조의2(방송사업자의 실연자에 대한 보상금 관련 조정신청) 법 제75조제4항에 따른 조정신청에 관하여는 제61조제1항 및 제2항을 준용한다. 이 경우 “법 제114조의2에 따른 분쟁의 조정”은 “법 제75조제4항에 따른 조정”으로 본다.

[본조신설 2024. 2. 6.]

제39조(실연자에 대한 디지털음성송신보상금 관련 협의 기간) 법 제76조제3항에서 "대통령령이 정하는 기간"이란 매년 1월 1일부터 6월 30일까지의 기간을 말한다.

제39조의2(프로그램의 임치) ① 법 제101조의7제1항에서 "대통령령으로 정하는 자"란 위원회를 말한다. 〈개정 2020. 8. 4.〉

② 법 제101조의7제1항에 따른 프로그램의 임치 및 이와 관련된 업무는 전산정보처리시스템으로 처리할 수 있다. 〈신설 2020. 8. 4.〉

[본조신설 2009. 7. 22.]

[제목개정 2020. 8. 4.]

제39조의3(표준적인 기술조치) 법 제102조제1항제1호라목에서 "대통령령으로 정하는 조건"이란 다음 각 호의 조건을 말한다.

1. 저작재산권자와 온라인서비스제공자의 의견일치에 따라 개방적이고 자발적으로 정하여질 것
2. 합리적이고 비차별적인 이용이 가능할 것
3. 온라인서비스제공자에게 상당한 비용을 부과하거나 온라인서비스 제공 관련 온라인서비스제공자의 시스템 또는 정보통신망에 실질적인 부담을 주지 아니할 것

[본조신설 2011. 12. 2.]

제40조(복제·전송의 중단 요청) ①법 제103조제1항에 따라 온라인서비스제공자(법 제102조제1항제1호의 온라인서비스제공자는 제외한다. 이하 이 조 및 제41조부터 제44조까지의 규정에서 같다)에게 복제·전송을 중단시킬 것을 요구하려는 자(이하 "권리주장자"라 한다)는 문화체육관광부령으로 정하는 요청서(전자문서로 된 요청서를 포함한다)에 다음 각 호의 어느 하나에 해당하는 소명 자료(전자문서를 포함한다)를 첨부하여 온라인서비스제공자에게 제출하여야 한다. 다만, 권리주장자가 저작권신탁관리업자이거나 최근 1년 이내에 반복적인 침해행위에 대하여 권리자임을 소명할 수 있는 자료를 이미 제출한 사실이 있는 경우에는 요청서만 제출하여도 된다. 〈개정 2008. 2. 29., 2011. 6. 30., 2011. 12. 2.〉

1. 자신이 그 저작물등의 권리자로 표시된 저작권 등의 등록증 사본 또는 그에 상당하는 자료

2. 자신의 성명등이나 이명으로서 널리 알려진 것이 표시되어 있는 저작물등의 사본 또는 그에 상당하는 자료

② 권리주장자는 정당한 권리 없이 복제·전송의 중단을 요구한 경우 법 제103조제6항에 따라 손해를 배상하고, 정당한 권리가 없음을 알면서 고의로 복제·전송의 중단을 요구하여 온라인서비스제공자의 업무를 방해한 경우 법 제137조제1항제6호에 따라 처벌을 받겠다는 취지의 진술서를 제1항에 따른 요청서에 첨부하였을 때에는 제1항 각 호의 어느 하나에 해당하는 소명자료(전자문서를 포함한다)를 첨부하지 아니할 수 있다. 이 경우 제1항 각 호의 어느 하나에 해당하는 소명자료(전자문서를 포함한다)를 첨부하기 어려운 정당한 사유가 있어야 한다. 〈신설 2011. 12. 2.〉

제41조(복제·전송의 중단 통보) ①법 제103조제2항에 따라 저작물등의 복제·전송을 중단시킨 온라인서비스제공자는 복제·전송을 중단시킨 날부터 3일 이내에 권리주장자 및 복제·전송자(복제·전송자의 경우는 법 제102조제1항제3호의 온라인서비스제공자로 한정한다)에게 문화체육관광부령으로 정하는 통보서(전자문서로 된 통보서를 포함한다)에 권리주장자가 제출한 복제·전송 중단 요청서(복제·전송자에 한정하며, 전자문서를 포함한다)를 첨부하여 통보해야 한다. 〈개정 2008. 2. 29., 2011. 6. 30., 2020. 8. 4.〉

②온라인서비스제공자는 복제·전송자에게 제1항에 따른 통보를 할 때 자신의 복제·전송이 정당한 권리에 의한 것임을 소명하여 복제·전송의 재개를 요구할 수 있음을 알려주어야 한다.

제42조(복제·전송의 재개 요청) ①법 제103조제3항 본문에 따라 복제·전송의 재개를 요구하려는 복제·전송자는 온라인서비스제공자로부터 복제·전송의 중단을 통보받은 날부터 30일 이내에 문화체육관광부령으로 정하는 재개요청서(전자문서로 된 요청서를 포함한다)에 다음 각 호의 어느 하나에 해당하는 소명 자료(전자문서를 포함한다)를 첨부하여 온라인서비스제공자에게 제출하여야 한다.

〈개정 2008. 2. 29., 2011. 12. 2.〉

1. 자신이 그 저작물등의 권리자로 표시된 저작권 등의 등록증 사본 또는 그에 상당하는 자료

2. 자신의 성명등 또는 널리 알려진 이명이 표시되어 있는 그 저작물등의 사본 또는 그에 상당하는 자료

3. 저작권 등을 가지고 있는 자로부터 적법하게 복제·전송의 허락을 받은 사실을 증명하는 계약서 사본 또는 그에 상당하는 자료

4. 그 저작물등의 저작재산권의 보호기간이 끝난 경우 그 사실을 확인할 수 있는 자료

② 복제·전송의 재개를 요구하는 복제·전송자는 정당한 권리 없이 복제·전송의 재개를 요구한 경우 법 제103조제6항에 따라 손해를 배상하고, 정당한 권리가 없음을 알면서 고의로 복제·전송의 재개를 요구하여 온라인서비스제공자의 업무를 방해한 경우 법 제137조제1항제6호에 따라 처벌을 받겠다는 취지의 진술서를 제1항에 따른 재개요청서에 첨부하였을 때에는 제1항 각 호의 어느 하나에 해당하는 소명자료(전자문서를 포함한다)를 첨부하지 아니할 수 있다. 이 경우 제1항 각 호의 어느 하나에 해당하는 소명자료(전자문서를 포함한다)를 첨부하기 어려운 정당한 사유가 있어야 한다. 〈신설 2011. 12. 2.〉

제43조(복제·전송의 재개통보 등) ①제42조에 따라 재개요구를 받은 온라인서비스제공자는 복제·전송의 재개를 요구받은 날부터 3일 이내에 복제·전송자의 복제·전송이 정당한 권리에 의한 것인지의 여부를 결정하여야 하고, 정당한 권리에 의한 것으로 인정되면 복제·전송의 재개예정일을 정하여 문화체육관광부령으로 정하는 통보서(전자문서로 된 통보서를 포함한다)를 권리주장자에게 송부하여야 한다. 〈개정 2008. 2. 29.〉

②제1항에 따른 재개예정일은 그 복제·전송의 재개를 요구받은 날의 7일 이후부터 14일까지의 기간 중에 속하는 날로 하여야 한다.

제44조(수령인의 지정과 변경의 공지) 온라인서비스제공자가 법 제

103조제4항에 따라 수령인을 지정(지정한 수령인을 변경하여 지정하는 것을 포함한다)한 경우에는 그 복제·전송 서비스를 제공하는 자신의 정보통신망에 누구나 쉽게 알 수 있도록 수령인에 대한 다음 각 호의 정보를 표시하여야 한다.

1. 성명 및 소속부서명
2. 전화번호·팩시밀리번호 및 전자우편주소
3. 우편물을 수령할 수 있는 주소

제44조의2(청구할 수 있는 복제·전송자 정보의 범위) 법 제103조의3제1항에 따른 필요한 최소한의 정보는 다음 각 호의 정보로 한다.

1. 성명
2. 주소
3. 해당 복제·전송자의 전화번호·전자우편주소 등 연락처

[본조신설 2011. 12. 2.]

제44조의3(정보 제공 청구의 절차) 법 제103조의3제1항에 따라 해당 복제·전송자의 정보 제공을 명령하여 줄 것을 청구하려는 권리주장자(이하 "청구인"이라 한다)는 다음 각 호의 사항을 적은 문화체육관광부령으로 정하는 정보 제공 청구서에 제40조제1항 각 호의 어느 하나에 해당하는 소명 자료(전자문서를 포함한다)를 첨부하여 문화체육관광부장관에게 제출하여야 한다.

1. 청구인의 성명, 주소 및 전화번호·전자우편주소 등 연락처
2. 제기하려는 소의 종류 및 취지
3. 해당 복제·전송자에 의하여 침해되었다고 주장하는 권리의 유형 및 그 침해 사실
4. 온라인서비스제공자에게 복제·전송자의 정보를 요청하였으나 이를 제공할 수 없다는 회신을 받는 등 온라인서비스제공자가 그 정보의 제공을 거절한 사실

[본조신설 2011. 12. 2.]

제44조의4(정보 제공의 절차) ① 법 제122조의6에 따른 저작권보호심의위원회는 법 제103조의3제2항에 따라 문화체육관광부장관으로부터 심의의 요청을 받은 경우에는 그 요청을 받은 날부터 1개월

이내에 정보 제공 여부를 심의하고 그 결과를 지체 없이 문화체육관광부장관에게 통보하여야 한다. 다만, 부득이한 사유로 그 기간 내에 심의를 할 수 없는 경우에는 1회에 한정하여 그 기간을 연장할 수 있다. 〈개정 2016. 9. 21.〉

② 문화체육관광부장관은 법 제103조의3제2항에 따라 온라인서비스제공자에게 복제·전송자의 정보를 제출하도록 명하는 경우 문화체육관광부령으로 정하는 정보 제공 명령서를 작성하여 서면(전자문서를 포함한다)으로 온라인서비스제공자에게 통지하여야 한다.

③ 온라인서비스제공자는 제2항의 정보 제공 명령서를 받은 날부터 7일 이내에 문화체육관광부령으로 정하는 정보 제공서를 문화체육관광부장관에게 제출하여야 하며, 문화체육관광부장관은 해당 정보를 청구인에게 지체 없이 제공하여야 한다.

④ 온라인서비스제공자는 제3항에 따라 정보 제공서를 문화체육관광부장관에게 제출한 경우 그 사실을 해당 복제·전송자에게 지체 없이 알려야 한다.

[본조신설 2011. 12. 2.]

제45조(권리자의 요청) 법 제104조제1항에 따라 권리자가 해당 저작물 등의 불법적인 전송을 차단하는 기술적인 조치 등 필요한 조치를 요청하려면 문화체육관광부령으로 정하는 요청서(전자문서로 된 요청서를 포함한다)에 다음 각 호의 자료(전자문서를 포함한다)를 첨부하여 특수한 유형의 온라인서비스제공자에게 제출하여야 한다. 다만, 권리자가 저작권신탁관리업자이거나 최근 1년 이내에 반복적인 침해행위에 대하여 권리자임을 소명할 수 있는 자료를 이미 제출한 사실이 있는 경우에는 제1호의 자료를 제출하지 아니할 수 있다. 〈개정 2008. 2. 29.〉

1. 권리자임을 소명할 수 있는 다음 각 목 중 어느 하나에 해당하는 자료

가. 자신이 그 저작물등의 권리자로 표시된 저작권 등의 등록증 사본 또는 그에 상당하는 자료

나. 자신의 성명등이나 이명으로서 널리 알려진 것이 표시되어

있는 저작물등의 사본 또는 그에 상당하는 자료

2. 차단을 요청하는 저작물등을 인식할 수 있는 저작물의 제호, 그에 상당하는 문자나 부호(이하 "제호등"이라 한다) 또는 복제물등의 자료

제46조(불법적인 전송을 차단하는 기술적인 조치 등 필요한 조치) ①법 제104조제1항 전단에서 "해당 저작물등의 불법적인 전송을 차단하는 기술적인 조치 등 필요한 조치"란 다음 각 호의 모든 조치를 말한다. 〈개정 2009. 7. 22.〉

1. 저작물등의 제호등과 특징을 비교하여 저작물등을 인식할 수 있는 기술적인 조치

2. 제1호에 따라 인지한 저작물등의 불법적인 송신을 차단하기 위한 검색제한 조치 및 송신제한 조치

3. 해당 저작물등의 불법적인 전송자를 확인할 수 있는 경우에는 그 저작물등의 전송자에게 저작권침해금지 등을 요청하는 경고문구의 발송

②제1항제1호 및 제2호의 조치는 권리자가 요청하면 즉시 이행하여야 한다.

③ 문화체육관광부장관은 법 제104조제4항에 따라 같은 조 제3항에 따른 기술적인 조치 등 필요한 조치의 이행 여부를 정보통신망을 통해 확인하는 업무를 법 제122조의2에 따른 한국저작권보호원(이하 "보호원"이라 한다)에 위탁한다. 〈신설 2020. 8. 4.〉

제46조의2(기술적 보호조치의 무력화 금지에 대한 예외) 문화체육관광부장관은 법 제104조의2제1항제8호에 따라 기술적 보호조치의 무력화 금지에 대한 예외를 정하여 고시하는 경우에는 미리 저작물등의 이용자를 포함한 이해관계인의 의견을 들은 후 위원회의 심의를 거쳐야 한다.

[본조신설 2011. 6. 30.]

제47조(저작권신탁관리업의 허가신청 등) ①법 제105조제1항 및 제2항에 따라 저작권신탁관리업의 허가를 받으려는 자는 문화체육관광부령으로 정하는 저작권신탁관리업 허가신청서(전자문서로 된 신

청서를 포함한다)에 다음 각 호의 사항을 포함한 저작권신탁관리업 업무규정(전자문서를 포함한다)을 첨부하여 문화체육관광부장관에게 제출하여야 한다. 〈개정 2008. 2. 29.〉

1. 저작권 신탁계약 약관
2. 저작물 이용계약 약관

②문화체육관광부장관은 저작권신탁관리업을 허가하는 경우에는 문화체육관광부령으로 정하는 저작권신탁관리업 허가증을 발급하여야 한다. 〈개정 2008. 2. 29.〉

③ 삭제 〈2020. 8. 4.〉

제48조(저작권대리중개업의 신고) ①법 제105조제1항에 따라 저작권대리중개업의 신고를 하려는 자는 문화체육관광부령으로 정하는 저작권대리중개업 신고서(전자문서로 된 신고서를 포함한다)에 다음 각 호의 사항이 포함된 저작권대리중개업 업무규정(전자문서를 포함한다)을 첨부하여 문화체육관광부장관에게 제출하여야 한다. 〈개정 2008. 2. 29., 2009. 7. 22.〉

1. 저작권대리중개 계약 약관
2. 저작물 이용계약 약관

②제1항에 따른 신고서를 받은 문화체육관광부장관은 문화체육관광부령으로 정하는 저작권대리중개업 신고증을 발급하여야 한다. 〈개정 2008. 2. 29.〉

③ 삭제 〈2020. 8. 4.〉

제49조(사용료 등의 승인신청 및 승인절차) ①저작권신탁관리업자는 법 제105조제9항 전단에 따라 수수료 및 사용료의 요율 또는 금액을 승인신청(변경신청을 포함한다. 이하 같다)을 하려는 경우에는 문화체육관광부장관에게 서면으로 승인신청을 해야 한다. 〈개정 2008. 2. 29., 2016. 9. 21., 2020. 8. 4.〉

② 문화체육관광부장관은 제1항에 따른 승인신청을 받은 경우에는 법 제105조제9항 후단 및 같은 조 제11항에 따라 문화체육관광부 인터넷 홈페이지에 14일 이상 그 내용을 공고하여 이해관계인의 의견을 수렴해야 한다. 〈신설 2016. 9. 21., 2020. 8. 4.〉

③ 제2항에 따라 공고된 내용에 대하여 의견이 있는 자는 제2항에 따른 기간 이내에 문화체육관광부장관에게 서면(전자문서를 포함한다)으로 의견을 제출할 수 있다. 〈개정 2016. 9. 21.〉

④ 문화체육관광부장관은 제1항에 따른 승인신청을 받은 경우 필요하면 수수료 및 사용료의 요율 또는 금액의 적정성·타당성 등에 관하여 권리자, 이용자 또는 전문가 등의 의견을 들을 수 있다. 〈신설 2016. 9. 21.〉

⑤ 문화체육관광부장관은 법 제105조제10항에 따라 제3항 및 제4항에 따른 의견을 첨부하여 위원회에 심의를 요청해야 한다. 〈신설 2016. 9. 21., 2020. 8. 4.〉

⑥위원회는 제5항에 따라 심의 요청을 받은 때에는 요청일부터 2개월 이내에 심의하고, 그 결과를 지체 없이 문화체육관광부장관에게 제출하여야 한다. 다만, 부득이한 사유로 인하여 해당 기간 내에 심의를 할 수 없는 경우에는 2개월의 범위에서 한 차례만 그 기간을 연장할 수 있다. 〈개정 2008. 2. 29., 2009. 7. 22., 2016. 9. 21.〉

⑦문화체육관광부장관은 법 제105조제9항 전단에 따라 사용료의 요율 또는 금액에 관한 승인(변경승인을 포함한다)을 한 경우에는 같은 조 제11항에 따라 승인 내용을 문화체육관광부 인터넷 홈페이지에 공고해야 한다. 〈개정 2008. 2. 29., 2009. 7. 22., 2016. 9. 21., 2020. 8. 4.〉

제50조(관리 저작물등의 목록 작성) 법 제106조제1항에 따른 관리 저작물등의 목록에는 다음 각 호의 사항을 적어야 한다. 〈개정 2019. 7. 2.〉

1. 저작물등의 제호
2. 저작자, 실연자(實演者)·음반제작자 또는 방송사업자, 데이터베이스제작자의 성명 등
3. 창작 또는 공표 연도, 실연 또는 고정(固定) 연도, 제작 연도

제51조(이용계약 체결에 필요한 정보) 법 제106조제1항 및 제2항에 따른 저작물등의 이용계약 체결에 필요한 정보는 다음 각 호의 정

보로 한다. 〈개정 2020. 5. 26.〉

1. 삭제 〈2020. 5. 26.〉
2. 해당 저작물등의 저작재산권자 등과의 신탁계약기간
3. 사용료 등 이용조건 및 표준계약서

제51조의2(통합 징수) ① 문화체육관광부장관은 법 제106조제3항 전단에 따라 통합 징수를 요구하는 경우에는 통합 징수의 업종·주체·대상·기간 및 주기 등을 구체적으로 적은 서면으로 하여야 한다.

② 법 제106조제4항에서 "대통령령으로 정하는 자"란 다음 각 호의 어느 하나에 해당하는 자를 말한다.

1. 법 제106조제3항 전단에 따른 저작권신탁관리업자
2. 법 제106조제3항 전단에 따른 보상금수령단체
3. 「공공기관의 운영에 관한 법률」에 따른 공공기관
4. 그 밖에 문화체육관광부장관이 통합 징수 업무를 수행하기에 적합하다고 인정하는 법인, 기관 또는 단체

③ 법 제106조제3항 및 제4항에 따라 통합 징수를 하는 자는 징수 주기마다 징수가 끝난 후 60일 이내에 다음 각 호의 사항이 포함된 정산 결과를 같은 조 제4항에 따라 징수업무를 위탁한 저작권신탁관리업자 및 보상금수령단체에 통지하여야 한다.

1. 총징수액 및 단체별 징수액
2. 단체별 징수액의 세부내역
3. 단체별 징수액의 산출근거(저작물의 사용내역을 포함한다)
4. 정산 결과 지급하여야 하는 금액

④ 저작권신탁관리업자 및 보상금수령단체는 법 제106조제5항에 따라 위탁수수료를 지급하는 경우에는 법 제105조제8항 또는 이 영 제4조제3호에 따른 수수료에서 지급해야 하며, 저작재산권자나 그 밖의 관계자로부터 별도로 위탁수수료를 받아서는 안 된다. 〈개정 2020. 8. 4.〉

⑤ 법 제106조제5항에 따른 위탁수수료 지급 기준은 통합 징수한 사용료 및 보상금의 범위에서 매년 저작권신탁관리업자 및 보상금수령단체와 같은 조 제4항에 따라 통합 징수 업무를 위탁받은 자가

합의하여 정한다. 〈개정 2023. 12. 12.〉

[본조신설 2016. 9. 21.]

제51조의3(운영의 공개) ① 저작권신탁관리업자는 법 제106조제7항에 따라 매 사업연도 종료 후 3개월 이내에 같은 항 각 호의 사항을 다음 각 호의 방법으로 주된 사무소에 비치하고 인터넷 홈페이지를 통해 공개해야 한다. 이 경우 비치하거나 공개한 사항이 변경된 때에는 지체 없이 그 내용을 반영해야 한다.

1. 주된 사무소 안의 잘 보이는 곳에 비치할 것
2. 인터넷 홈페이지의 첫 화면 또는 첫 화면과의 연결화면을 통해 자료를 열람할 수 있도록 공개할 것

② 법 제106조제7항제2호에서 “임원보수 등 대통령령으로 정하는 사항”이란 다음 각 호의 사항을 말한다.

1. 상근 임원의 개인별 보수
2. 임원이 저작권신탁관리업자로부터 받은 소득세 과세대상이 되는 보수
3. 신탁자의 수 및 신탁관리하는 저작물등의 현황
4. 사용료 징수 및 분배 현황
5. 징수연도별 미분배금 현황
6. 예산 집행 현황

③ 법 제106조제7항제3호의 결산서에는 재무상태표, 손익계산서, 자본변동표 및 현금흐름표가 첨부되어야 한다.

④ 법 제106조제7항제5호에서 “대통령령으로 정하는 사항”이란 다음 각 호의 사항을 말한다.

1. 임원 현황(임원의 명단 및 임기를 포함한다)
2. 이사회·총회 안건 및 회의록
3. 법 제106조의2에 따른 이용허락 거부에 관한 사항
4. 법 제108조제3항에 따른 조사 결과

[본조신설 2020. 5. 26.]

제52조(보고) ①법 제108조제1항에 따라 저작권신탁관리업자는 문화체육관광부령으로 정하는 바에 따라 매년 전년도의 사업실적 및

해당 연도의 사업계획을 보고하여야 한다. 〈개정 2008. 2. 29.〉

②저작권대리중개업자는 문화체육관광부령으로 정하는 바에 따라 매년 전년도 사업 실적을 보고하여야 한다. 〈개정 2008. 2. 29.〉

③ 법 제108조제1항에 따라 저작권위탁관리업자는 다음 각 호의 사항을 매월 말일을 기준으로 작성하여 다음달 10일까지 문화체육관광부장관에게 보고하여야 한다. 다만, 보고 사항이 지난달과 같은 경우에는 그 사항에 한정하여 보고하지 아니할 수 있다. 〈신설 2012. 4. 12.〉

1. 제50조 각 호에 따른 관리 저작물등의 목록
2. 신탁관리하거나 대리 또는 중개하는 저작물등의 권리 정보
3. 저작권위탁관리업자의 연락처에 관한 정보

제52조의2(조사) ① 법 제108조제3항에 따라 저작권위탁관리업자의 사무 및 재산상황을 조사하는 공무원은 그 권한을 표시하는 증표를 관계인에게 보여주어야 한다.

② 제1항에 따른 공무원은 필요한 범위에서 저작권위탁관리업자의 사무실에 출입하여 조사할 수 있다.

③ 법 제108조제4항에 따른 공인회계사 또는 관계 전문기관의 조사에 관하여는 제1항 및 제2항을 준용한다. 이 경우 “공무원”은 “공인회계사 또는 관계 전문기관”으로 본다.

[본조신설 2020. 5. 26.]

제53조(업무정지의 세부기준) 법 제109조제1항에 따른 업무정지의 세부기준은 별표 2와 같다.

[전문개정 2016. 9. 21.]

제54조(과징금의 부과 및 납부) ①문화체육관광부장관은 법 제111조제1항에 따라 과징금을 부과하려면 그 위반 사실과 부과금액 등을 서면에 적어 과징금을 낼 것을 처분 대상자에게 통지하여야 한다. 〈개정 2008. 2. 29.〉

②제1항에 따라 통지를 받은 자는 통지를 받은 날부터 20일 이내에 문화체육관광부장관이 정하는 수납기관에 과징금을 내야 한다. 〈개정 2008. 2. 29., 2023. 12. 12.〉

③제2항에 따라 과징금을 받은 수납기관은 그 납부자에게 영수증을 발급하여야 한다.

④과징금의 수납기관은 제2항에 따라 과징금을 받으면 지체 없이 그 사실을 문화체육관광부장관에게 통보하여야 한다. 〈개정 2008. 2. 29.〉

⑤문화체육관광부장관은 과징금의 부과·징수에 관한 사항을 기록·관리하여야 한다. 〈개정 2008. 2. 29.〉

⑥ 법 제111조제1항에 따른 과징금의 부과기준은 별표 3과 같다. 〈신설 2016. 9. 21.〉

제55조(과징금의 사용절차) 문화체육관광부장관은 법 제111조제4항에 따라 매년 10월 31일까지 과징금 사용용도 및 방법 등에 관한 운용계획을 수립·시행하여야 한다. 〈개정 2008. 2. 29.〉

제56조(위원장과 부위원장) ①위원회의 위원장은 위원회를 대표하고 위원회의 업무를 총괄한다. 〈개정 2009. 7. 22.〉

②부위원장은 위원장을 보좌하며 위원장이 부득이한 사유로 직무를 수행할 수 없을 때에는 위원장이 미리 지명한 부위원장이 그 직무를 대행한다.

제57조(회의소집 및 의결정족수) ①위원회의 위원장은 위원회를 소집하고 그 의장이 된다. 〈개정 2009. 7. 22.〉

②위원회의 회의는 재적위원 과반수의 출석으로 개의하고, 출석위원 3분의 2 이상의 찬성으로 의결한다. 〈개정 2009. 7. 22.〉

③ 삭제 〈2012. 7. 4.〉

제57조의2(위원의 제척·기피·회피) ① 위원회의 위원이 다음 각 호의 어느 하나에 해당하는 경우에는 위원회의 심의·조정·알선 및 의결(이하 "심의등"이라 한다)에서 제척(除斥)된다. 〈개정 2016. 9. 21.〉

1. 위원 또는 그 배우자나 배우자이었던 사람이 해당 안건의 당사자(당사자가 법인·단체 등인 경우에는 그 임원을 포함한다. 이하 이 호 및 제2호에서 같다)가 되거나 그 안건의 당사자와 공동권리자 또는 공동의무자인 경우

2. 위원이 해당 안건의 당사자와 친족이거나 친족이었던 경우

3. 위원이 해당 안건에 대하여 증언, 진술, 자문, 연구, 용역 또는 감정을 한 경우

4. 위원이나 위원이 속한 법인·단체 등이 해당 안건의 당사자의 대리인이거나 대리인이었던 경우

5. 위원이 해당 안건의 당사자의 임원 또는 직원으로 재직하고 있거나 재직하였던 경우

6. 위원이 해당 안건의 원인이 된 처분이나 부작위에 관여하고 있거나 관여하였던 경우

② 해당 안건의 당사자는 위원에게 공정한 심의등을 기대하기 어려운 사정이 있는 경우에는 위원회에 기피 신청을 할 수 있고, 위원회는 의결로 이를 결정한다. 이 경우 기피 신청의 대상인 위원은 그 의결에 참여하지 못한다.

③ 위원이 제1항 각 호에 따른 제척 사유에 해당하는 경우에는 스스로 해당 안건의 심의등에서 회피(回避)하여야 한다.

[본조신설 2012. 7. 4.]

제57조의3(위원의 해촉) 문화체육관광부장관은 위원회의 위원이 다음 각 호의 어느 하나에 해당하는 경우에는 해당 위원을 해촉(解囑)할 수 있다. 〈개정 2016. 9. 21.〉

1. 심신장애로 인하여 직무를 수행할 수 없게 된 경우

2. 직무태만, 품위손상이나 그 밖의 사유로 인하여 위원으로 적합하지 아니하다고 인정되는 경우

3. 제57조의2제1항 각 호의 어느 하나에 해당하는 데에도 불구하고 회피하지 아니한 경우

[본조신설 2012. 7. 4.]

제58조(위원의 대우 등) ①위원장을 제외한 위원회의 위원은 비상근으로 한다. 〈개정 2009. 7. 22.〉

②상근위원에게는 보수를 지급하며, 비상근위원에게는 예산의 범위에서 업무의 수행에 필요한 실비를 지급할 수 있다.

③상근위원은 그 직무 외에 영리를 목적으로 하는 업무에 종사하지 못하며, 문화체육관광부장관의 승인없이 다른 직무를 겸할 수 없

다. 〈개정 2008. 2. 29.〉

제59조(분과위원회의 구성 및 운영) 법 제112조의2제5항에 따른 분과위원회의 구성 및 운영 등에 필요한 사항은 위원회의 의결을 거쳐 위원회의 위원장이 정한다.

[전문개정 2009. 7. 22.]

제59조의2(알선) ① 법 제113조의2에 따라 분쟁에 관한 알선을 받으려는 자는 다음 각 호의 사항을 기재한 알선신청서를 위원회에 제출하여야 한다.

1. 당사자의 성명 및 주소(대리인이 있는 경우에는 그 대리인의 성명 및 주소를 포함한다)

2. 신청의 취지 및 이유

② 제1항에 따른 알선의 세부절차 등에 관하여 필요한 사항은 위원회의 의결을 거쳐 위원회의 위원장이 정한다.

[본조신설 2009. 7. 22.]

제60조(조정부 구성 및 운영) 법 제114조에 따른 조정부는 3명의 위원으로 구성한다. 다만, 조정신청 금액이 500만원 이하인 사건에 대하여는 위원회의 위원장이 지정하는 1명의 위원이 조정 업무를 수행할 수 있다. 〈개정 2009. 7. 22.〉

제61조(조정의 절차 등) ① 법 제114조의2에 따른 분쟁의 조정을 신청하려는 자는 위원회가 정하는 바에 따라 조정신청서를 위원회에 제출하여야 한다. 〈개정 2009. 7. 22.〉

② 제1항에 따라 조정을 신청하는 자는 조정비용의 일부를 미리 납부하고, 조정이 성립된 경우에는 각 당사자가 나머지 조정비용을 납부하여야 한다. 이 경우 조정비용의 납부절차는 위원회의 의결을 거쳐 위원회의 위원장이 정한다. 〈신설 2009. 7. 22.〉

③위원장은 제1항에 따른 조정신청을 받으면 조정부를 지정하고, 조정신청서를 조정부에 회부하여야 한다. 〈개정 2009. 7. 22.〉

④조정부는 조정안을 작성하여 당사자에게 제시하여야 한다. 다만, 조정이 성립되지 아니할 것이 명백한 경우에는 그러하지 아니하다. 〈개정 2009. 7. 22.〉

⑤조정부는 조정신청이 있는 날부터 3개월 이내에 조정하여야 한다. 다만, 특별한 사유가 있는 경우에는 양 당사자의 동의를 얻어 1개월의 범위에서 1회에 한하여 그 기간을 연장할 수 있다. 〈개정 2009. 7. 22.〉

⑥ 법 제119조제1항제2호에 따른 감정이 실시되는 경우 감정기간은 제5항의 조정기간에 산입하지 아니한다. 〈신설 2009. 7. 22.〉

제62조(출석의 요구 등) ①위원회는 분쟁의 조정을 위하여 필요하면 당사자, 그 대리인 또는 이해관계인의 출석을 요구하거나 관계서류의 제출을 요구할 수 있다. 〈개정 2009. 7. 22.〉

②제1항에 따라 출석을 요구하려면 7일 전에 당사자, 그 대리인 또는 이해관계인에게 서면으로 알려야 한다.

③위원회는 조정당사자 외의 자가 위원회의 출석요구에 응하여 출석하면 수당과 여비 등 실비를 지급할 수 있다. 〈개정 2009. 7. 22.〉

④위원회는 조정에 관한 조서와 관계 기록을 관리·보존하여야 한다. 〈개정 2009. 7. 22.〉

제63조(조정의 불성립 등) ①다음 각 호의 어느 하나에 해당하는 경우에는 조정이 성립되지 않은 것으로 본다. 〈개정 2009. 7. 22., 2020. 8. 4.〉

1. 삭제 〈2020. 8. 4.〉
2. 조정신청이 있는 날부터 제61조제5항에 따른 기간이 지난 경우
3. 당사자 간에 합의가 성립되지 아니한 경우
4. 법 제117조제4항 전단에 따라 이의신청을 하는 경우

②제1항에 따라 조정이 성립되지 아니한 경우에는 그 사유를 조서에 적어야 한다.

제64조(감정절차 및 방법 등) ①법 제119조제1항에 따라 감정을 요청하려는 자는 다음 각 호의 자료를 위원회에 제출하여야 한다. 〈개정 2009. 7. 22.〉

1. 감정 대상 저작물의 원본 또는 사본

2. 침해에 관한 감정 요청의 경우에는 관련 저작물들의 유사성을 비교할 수 있는 자료

3. 그 밖에 위원회가 감정에 필요하다고 판단하여 요청하는 자료

②위원회는 감정을 하려면 감정전문위원회를 구성하여 공정하고 객관적으로 처리하여야 한다. 〈개정 2009. 7. 22.〉

③감정전문위원회에는 전문적인 감정을 위하여 상임전문위원을 둘 수 있다.

④감정전문위원회의 구성 및 감정의 절차 등과 관련하여 필요한 사항은 위원회에서 정한다. 〈개정 2009. 7. 22.〉

第65條(위원회의 조직 및 운영 등) 위원회의 조직 및 운영 등에 필요한 사항은 위원회의 의결을 거쳐 위원회의 위원장이 정한다. 다만, 조직·정원 및 보수에 관한 사항은 문화체육관광부장관의 승인을 받아야 한다.

[전문개정 2009. 7. 22.]

第66條(저작권정보센터 조직 및 운영 등) ① 법 제120조에 따른 저작권정보센터에는 저작권 정보제공 등을 위한 저작권거래소와 권리관리정보, 저작권 보호 및 유통지원을 위한 기술위원회를 둘 수 있다.

② 저작권정보센터는 다음 각 호의 업무를 수행한다.

1. 저작물 권리관리정보의 체계적인 수립·관리·활용을 위한 통합관리체계 구축 및 운영

2. 저작물 및 권리자를 식별할 수 있는 통합저작권번호체계의 개발, 관리 및 보급

3. 기술적 보호조치의 표준화에 관한 연구

4. 기술적 보호조치 표준이행에 대한 평가 및 이를 위한 표준 평가 도구 개발

5. 저작권 정보 기술에 관한 조사·연구

[전문개정 2009. 7. 22.]

第67條(예산 및 결산 등) ①위원회 및 보호원은 매 사업연도 종료 전까지 다음 사업연도의 사업계획서와 예산안을 작성하여 문화체육관광부장관에게 제출하여 승인을 받아야 한다. 〈개정 2008. 2. 29.,

2009. 7. 22., 2016. 9. 21., 2020. 8. 4.〉

②위원회 및 보호원은 사업연도마다 사업실적서와 결산서를 작성하여 그 사업연도 종료 후 60일 이내에 문화체육관광부장관에게 제출하여야 한다. 〈개정 2008. 2. 29., 2009. 7. 22., 2016. 9. 21.〉

③문화체육관광부장관은 필요하다고 인정할 때에는 위원회 및 보호원으로 하여금 그 업무에 관한 보고를 하게 하거나 관계 자료를 제출하게 할 수 있다. 〈개정 2008. 2. 29., 2009. 7. 22., 2016. 9. 21.〉

제67조의2(저작권보호심의위원회의 구성과 운영) ① 삭제 〈2020. 5. 26.〉

② 법 제122조의6에 따른 저작권보호심의위원회(이하 "심의위원회"라 한다)의 위원장은 심의위원회를 대표하고, 그 업무를 총괄한다. 〈개정 2020. 5. 26.〉

③ 심의위원회의 위원에게는 예산의 범위에서 업무의 수행에 필요한 실비를 지급할 수 있다.

④ 이 영에서 규정한 사항 외에 심의위원회의 구성과 운영에 필요한 세부사항은 심의위원회의 의결을 거쳐 심의위원회의 위원장이 정한다.

[본조신설 2016. 9. 21.]

제67조의3(심의위원회의 회의) ① 심의위원회의 위원장은 심의위원회를 소집하고, 그 의장이 된다.

② 심의위원회의 회의는 재적위원 과반수의 출석으로 개의하고, 출석위원 3분의 2 이상의 찬성으로 의결한다.

[본조신설 2016. 9. 21.]

제67조의4(심의위원회 위원의 제척·기피·회피) ① 심의위원회의 위원이 다음 각 호의 어느 하나에 해당하는 경우에는 위원회의 심의·의결에서 제척된다.

1. 위원 또는 그 배우자나 배우자였던 사람이 해당 안건의 당사자(당사자가 법인·단체 등인 경우에는 그 임원을 포함한다. 이하 이 호 및 제2호에서 같다)가 되거나 그 안건의 당사자와 공동권리자

또는 공동의무자인 경우

2. 위원이 해당 안건의 당사자와 친족이거나 친족이었던 경우

3. 위원이 해당 안건에 대하여 증언, 진술, 자문, 연구, 용역 또는 감정을 한 경우

4. 위원이나 위원이 속한 법인·단체 등이 해당 안건의 당사자의 대리인이거나 대리인이었던 경우

5. 위원이 해당 안건의 당사자의 임원 또는 직원으로 재직하고 있거나 재직하였던 경우

6. 위원이 해당 안건의 원인이 된 처분이나 부작위에 관여하고 있거나 관여하였던 경우

② 해당 안건의 당사자는 심의위원회의 위원에게 공정한 심의·의결을 기대하기 어려운 사정이 있는 경우에는 심의위원회에 기피 신청을 할 수 있고, 심의위원회는 의결로 이를 결정한다. 이 경우 기피 신청의 대상인 위원은 그 의결에 참여하지 못한다.

③ 심의위원회의 위원이 제1항 각 호에 따른 제척 사유에 해당하는 경우에는 스스로 해당 안건의 심의·의결에서 회피하여야 한다.

[본조신설 2016. 9. 21.]

제67조의5(심의위원회 위원의 해촉) 문화체육관광부장관은 심의위원회의 위원이 다음 각 호의 어느 하나에 해당하는 경우에는 해당 위원을 해촉할 수 있다.

1. 심신장애로 인하여 직무를 수행할 수 없게 된 경우

2. 직무와 관련된 비위(非違) 사실이 있는 경우

3. 직무태만, 품위손상이나 그 밖의 사유로 위원으로 적합하지 아니하다고 인정되는 경우

4. 제67조의4제1항 각 호의 어느 하나에 해당함에도 불구하고 회피하지 아니한 경우

5. 위원 스스로 직무를 수행하는 것이 곤란하다고 의사를 밝히는 경우

[본조신설 2016. 9. 21.]

제68조(업무의 위탁) ①문화체육관광부장관은 법 제130조에 따라

다음 각 호의 업무를 위원회에 위탁한다. 〈개정 2008. 2. 29., 2009. 7. 22., 2012. 4. 12., 2020. 5. 26., 2020. 8. 4., 2024. 2. 6.〉

1. 법 제35조의4제4항에 따른 보상금 결정 신청의 접수 및 같은 조 제5항에 따른 보상금의 결정·통보

2. 법 제50조부터 제52조까지의 규정에 따른 저작물 이용의 승인 및 보상금의 기준 결정

3. 법 제105조제3항 및 제4항에 따른 저작권대리중개업의 신고 및 변경신고의 접수

3의2. 법 제108조제1항에 따른 저작권위탁관리업자의 보고 사항 접수 및 처리

4. 법 제134조에 따른 건전한 저작물 이용 환경 조성 사업 중 제73조제1항제6호에 따른 저작물등의 권리자 찾기 사업 및 같은 조 제2항에 따른 권리자 찾기 정보시스템의 구축·운영

5. 제18조제2항 각 호에 따른 저작물의 저작재산권자나 그의 거소를 찾기 위한 노력의 이행

② 삭제 〈2020. 8. 4.〉

③문화체육관광부장관은 법 제130조에 따라 법 제135조제1항에 따른 저작재산권자등의 권리를 기증받는 것에 관한 업무를 같은 조 제2항에 따라 지정받은 단체에 위탁한다. 〈개정 2008. 2. 29.〉

제69조(수거·폐기·삭제 절차와 방법) ①법 제133조제1항에 따라 수거·폐기·삭제를 하는 관계 공무원은 그 권한을 표시하는 증표를 지니고 이를 관계인에게 내보여야 한다. 〈개정 2009. 7. 22.〉

②관계 공무원은 법 제133조제1항에 따라 복제물 등을 수거·폐기·삭제한 경우에는 그 소유자나 점유자에게 문화체육관광부령으로 정하는 바에 따라 수거확인증을 내주고, 수거·폐기·삭제대장에 그 내용을 기록하여야 한다. 〈개정 2008. 2. 29., 2009. 7. 22.〉

③수거한 불법 복제물 등은 당사자가 이의를 제기하지 아니하면 수거한 날부터 3개월이 지나면 폐기할 수 있다. 다만, 저작물등의 기술적 보호조치를 무력하게 하기 위하여 제작된 기기·장치 및 프

로그램은 수거한 날부터 6개월이 지나야 폐기할 수 있다.

[제목개정 2009. 7. 22.]

제70조(수거·폐기·삭제 업무의 위탁 등) ①문화체육관광부장관은 법 제133조제2항에 따라 수거·폐기 업무를 다음 각 호의 단체에 위탁할 수 있다. 〈개정 2008. 2. 29., 2009. 7. 22., 2016. 9. 21.〉

1. 보호원
2. 삭제 〈2016. 9. 21.〉
3. 그 밖에 불법 복제물 등의 수거·폐기·삭제 업무를 수행할 능력과 자격이 있다고 문화체육관광부장관이 인정하는 법인 또는 단체

②제1항에 따라 수거·폐기·삭제 업무를 하는 기관의 직원은 수거·폐기·삭제 업무를 할 때 문화체육관광부령으로 정하는 증표를 지니고 관계인에게 내보여야 한다. 〈개정 2008. 2. 29., 2009. 7. 22.〉

[제목개정 2009. 7. 22.]

제71조(수거·폐기·삭제를 위한 협조 요청 등) 법 제133조제3항에서 "관련 단체"란 다음 각 호의 단체를 말한다.

1. 저작권신탁관리업자
2. 저작권신탁관리업자를 주된 구성원으로 하는 단체
3. 저작물등의 창작 및 산업진흥을 목적으로 설립된 법인 또는 단체

[제목개정 2009. 7. 22.]

제72조(정보통신망을 통한 불법복제물 삭제명령 등의 심의절차와 방법) 심의위원회는 법 제133조의2제1항에 따라 문화체육관광부장관으로부터 심의요청을 받으면 요청일부터 7일 이내에, 같은 조 제2항 및 제4항에 따라 문화체육관광부장관으로부터 심의요청을 받으면 요청일부터 14일 이내에 심의하고, 그 결과를 지체 없이 문화체육관광부장관에게 제출하여야 한다. 다만, 부득이한 사유로 인하여 그 기간 내에 심의를 할 수 없는 경우에는 2회에 한하여 그 기간을 연장할 수 있다. 〈개정 2016. 9. 21.〉

[전문개정 2009. 7. 22.]

제72조의2(경고 또는 삭제 등의 명령의 절차와 방법) 문화체육관광부장관은 법 제133조의2제1항에 따라 온라인서비스제공자에게 불법복제물등의 복제·전송자에 대한 경고 또는 불법복제물등의 삭제·전송중단을 명하려면 문화체육관광부령으로 정하는 명령서를 작성하여 서면(전자문서를 포함한다. 이하 같다)으로 통지하여야 한다.

[본조신설 2009. 7. 22.]

제72조의3(계정 정지 명령의 절차와 방법) ① 심의위원회가 법 제133조의2제2항에 따라 심의를 하는 때에는 다음 각 호의 사항을 고려하여야 한다. 〈개정 2016. 9. 21.〉

1. 해당 복제·전송자의 상습성
2. 해당 복제·전송자가 복제·전송한 양
3. 게시한 불법복제물등의 종류 및 시장대체 가능성
4. 불법복제물등이 저작물등의 유통질서에 미치는 영향

② 문화체육관광부장관은 법 제133조의2제2항에 따라 온라인서비스제공자에게 해당 불법복제물등의 복제·전송자의 계정을 정지할 것을 명하려면 다음 각 호의 사항을 기재한 명령서를 작성하여 서면으로 통지하여야 한다.

1. 복제·전송자의 계정
2. 법 제133조의2제1항제1호에 따른 경고를 3회 이상 받은 사실
3. 법 제133조의2제1항제1호에 따른 경고를 3회 이상 받은 후 불법복제물등을 전송한 사실
4. 정지 기간

③ 법 제133조의2제2항에 따른 복제·전송자의 계정 정지 기간은 다음 각 호와 같다.

1. 첫 번째 정지하는 경우 1개월 미만
2. 두 번째 정지하는 경우 1개월 이상 3개월 미만
3. 세 번째 이상 정지하는 경우 3개월 이상 6개월 이내

④ 제2항의 명령서를 받은 온라인서비스제공자는 지체 없이 법 제133조의2제3항에 따라 해당 복제·전송자에게 제2항 각 호의 사

항을 기재하여 서면으로 통지하여야 한다.

[본조신설 2009. 7. 22.]

제72조의4(게시판 서비스 정지 명령의 절차와 방법) ① 심의위원회가 법 제133조의2제4항에 따라 심의를 하는 때에는 다음 각 호의 사항을 고려하여야 한다. 〈개정 2016. 9. 21.〉

1. 해당 게시판의 영리성
2. 해당 게시판의 개설 취지
3. 해당 게시판의 기능과 이용 방법
4. 해당 게시판의 이용자 수
5. 불법복제물등이 차지하는 비율
6. 게시된 불법복제물등의 종류 및 시장대체 가능성
7. 해당 게시판의 불법복제물등의 차단 노력 정도
8. 불법복제물등의 게시 또는 이용에 편의를 제공하는 수준

② 문화체육관광부장관은 법 제133조의2제4항에 따라 온라인서비스제공자에게 해당 게시판의 서비스를 정지할 것을 명하려면 다음 각 호의 사항을 기재한 명령서를 작성하여 서면으로 통지하여야 한다.

1. 정지의 대상이 되는 게시판
2. 법 제133조의2제1항제2호에 따른 명령을 3회 이상 받은 사실
3. 위법 행위의 내용
4. 정지 기간

③ 법 제133조의2제4항에 따른 해당 게시판의 서비스의 정지 기간은 다음 각 호와 같다.

1. 첫 번째 정지하는 경우 1개월 미만
2. 두 번째 정지하는 경우 1개월 이상 3개월 미만
3. 세 번째 이상 정지하는 경우 3개월 이상 6개월 이내

④ 법 제133조의2제5항에 따라 온라인서비스제공자가 게시판 정지 사실을 게시하는 때에는 제2항 각 호의 사항을 기재하여 해당 게시판 이용자들이 쉽게 알 수 있도록 하여야 한다.

[본조신설 2009. 7. 22.]

제72조의5(조치 결과 통보의 절차와 방법) 온라인서비스제공자는 법

제133조의2제6항에 따라 문화체육관광부령으로 정하는 조치결과 통보서에 다음 각 호의 사항을 기재하여 문화체육관광부장관에게 제출하여야 한다.

1. 명령에 따라 조치한 내용

2. 복제·전송자를 특정할 수 있는 정보(법 제133조의2제4항에 따른 명령의 경우는 제외한다)

3. 명령 이행 일자

[본조신설 2009. 7. 22.]

제72조의6(시정권고 절차 등) ① 심의위원회는 법 제133조의3제1항에 따라 보호원으로부터 심의 요청을 받은 경우에는 다음 각 호의 구분에 따른 기간 이내에 심의하고, 그 결과를 지체 없이 보호원에 통보하여야 한다. 다만, 부득이한 사유로 인하여 그 기간 내에 심의할 수 없는 경우에는 두 차례만 그 기간을 연장할 수 있다. 〈신설 2016. 9. 21.〉

1. 법 제133조의3제1항제1호 및 제2호의 경우: 요청일부터 7일

2. 법 제133조의3제1항제3호의 경우: 요청일부터 14일

② 보호원은 법 제133조의3제1항에 따른 시정권고를 하려면 다음 각 호의 사항을 기재하여 서면으로 하여야 한다. 〈개정 2016. 9. 21.〉

1. 위법 행위의 내용

2. 권고 사항

3. 시정 기한

4. 시정권고 수락거부 시의 조치

③ 제2항에 따른 시정권고의 통지를 받은 온라인서비스제공자는 다음 각 호의 사항을 기재하여 보호원에 서면으로 조치결과를 통보하여야 한다. 〈개정 2016. 9. 21.〉

1. 시정권고에 따라 조치한 내용

2. 시정권고 이행 일자

3. 시정권고의 수락을 거부하는 경우에는 그 사유

④ 심의위원회가 법 제133조의3제1항제3호를 심의하는 때에는

제72조의3제1항의 사항을 고려하여야 한다. 〈개정 2016. 9. 21.〉

[본조신설 2009. 7. 22.]

제73조(저작물의 공정한 이용을 위한 사업) ①법 제134조제1항에서 "저작물의 공정한 이용을 도모하기 위하여 필요한 사업"이란 다음 각 호의 사업을 말한다. 〈개정 2008. 2. 29., 2012. 4. 12.〉

1. 보호기간이 끝난 저작물등에 대한 정보제공 등을 위하여 필요한 사업

2. 공공기관 저작물의 공동활용체계 구축사업

3. 표준계약서 개발 등 이용허락제도 개선을 위한 사업

4. 저작물의 공정이용기준 마련을 위한 지침 제정 및 권장사업

5. 저작물등에 대한 이용허락표시제도 활성화 사업

6. 권리자가 불명인 저작물등의 이용 활성화를 위한 저작물등의 권리자 찾기 사업

7. 그 밖에 문화체육관광부장관이 저작물의 공정한 이용을 위하여 필요하다고 인정하는 사업

② 문화체육관광부장관은 제1항제6호에 따른 사업을 효율적으로 수행하기 위하여 권리자가 불명인 저작물등의 권리자 찾기 정보시스템을 구축·운영할 수 있다. 〈신설 2012. 4. 12.〉

[제목개정 2009. 7. 22.]

제74조 삭제 〈2009. 7. 22.〉

제75조(기증 절차) ① 법제135조제1항에 따라 저작재산권 등을 기증하려는 자는 문화체육관광부령으로 정하는 저작재산권 등의 기증서약서와 기증저작물 등의 복제물을 문화체육관광부장관에게 제출하여야 한다. 〈개정 2008. 2. 29.〉

②제1항에 따라 기증을 받은 문화체육관광부장관은 기증저작물등의 제호 및 기증자의 성명 등을 문화체육관광부령으로 정하는 바에 따라 관리대장에 적고 문화체육관광부 인터넷 홈페이지에 게시하여야 한다. 〈개정 2008. 2. 29., 2009. 7. 22.〉

제76조(관리단체의 지정 등) ①법 제135조제2항에 따라 저작재산권 등을 관리하는 단체로 지정받을 수 있는 단체(이하 "관리단체"라 한

다)는 다음 각 호와 같다. 〈개정 2008. 2. 29., 2009. 7. 22.〉

1. 위원회
2. 저작권신탁관리업자
3. 저작권신탁관리업자를 주된 구성원으로 하는 단체
4. 그 밖에 기증된 저작재산권 등의 관리업무를 수행할 능력이 있다고 문화체육관광부장관이 인정하는 법인이나 단체

②제1항에 따라 관리단체로 지정받으려는 자는 문화체육관광부령으로 정하는 지정신청서에 다음 각 호의 서류를 첨부하여 문화체육관광부장관에게 제출하여야 한다. 〈개정 2008. 2. 29.〉

1. 기증된 저작재산권 등의 관리계획서
2. 기증된 저작재산권 등의 이용허락절차 및 활성화 계획을 기재한 서류

③제2항에 따라 신청서를 받은 문화체육관광부장관이 관리단체를 지정할 때에는 문화체육관광부령으로 정하는 바에 따라 관리단체 지정서를 발급하여야 한다. 〈개정 2008. 2. 29., 2009. 7. 22.〉

④문화체육관광부장관은 관리단체가 다음 각 호의 어느 하나에 해당하면 그 지정을 취소할 수 있다. 〈개정 2008. 2. 29.〉

1. 제1항에 따른 자격을 갖추지 못한 경우
2. 법 제135조제3항에 위배된 경우

⑤문화체육관광부장관은 관리단체를 지정하거나 그 지정을 취소한 경우에는 그 사실을 관보에 고시하여야 한다. 〈개정 2008. 2. 29.〉

⑥기증된 저작재산권 등의 관리업무와 관련하여 그 밖에 필요한 사항은 문화체육관광부장관이 정하여 고시한다. 〈개정 2008. 2. 29.〉

제76조의2(고유식별정보의 처리) ① 문화체육관광부장관(제68조에 따라 문화체육관광부장관의 업무를 위탁받은 자를 포함한다)은 다음 각 호의 사무를 수행하기 위하여 불가피한 경우 「개인정보 보호법 시행령」 제19조제1호 또는 제4호에 따른 주민등록번호 또는 외국인등록번호가 포함된 자료를 처리할 수 있다.

1. 법 제50조부터 제52조까지의 규정(법 제89조에서 준용하는 경우를 포함한다)에 따른 저작물의 이용 승인에 관한 사무

2. 삭제 〈2020. 8. 4.〉

3. 법 제103조의3에 따른 정보 제공 청구에 관한 사무

4. 법 제105조에 따른 저작권신탁관리업의 허가 및 저작권대리중개업의 신고에 관한 사무

② 위원회는 다음 각 호의 사무를 수행하기 위하여 불가피한 경우 「개인정보 보호법 시행령」 제19조제1호 또는 제4호에 따른 주민등록번호 또는 외국인등록번호가 포함된 자료를 처리할 수 있다. 〈신설 2020. 8. 4.〉

1. 법 제53조부터 제55조까지 및 제55조의3의 규정(법 제90조 및 제98조에서 준용하는 경우를 포함한다)에 따른 저작권 등록 등에 관한 사무

2. 법 제101조의7에 따른 프로그램의 임치에 관한 사무

③ 법 제56조에 따라 지정된 인증기관은 인증 업무를 수행하기 위하여 불가피한 경우 「개인정보 보호법 시행령」 제19조제1호 또는 제4호에 따른 주민등록번호 또는 외국인등록번호가 포함된 자료를 처리할 수 있다. 〈개정 2020. 8. 4.〉

[본조신설 2014. 11. 4.]

제76조의3(규제의 재검토) ① 문화체육관광부장관은 제16조의2에 따른 문화시설의 범위에 대하여 2022년 1월 1일을 기준으로 5년마다(매 5년이 되는 해의 1월 1일 전까지를 말한다) 그 타당성을 검토하여 개선 등의 조치를 해야 한다. 〈신설 2022. 3. 8.〉

② 문화체육관광부장관은 제38조에 따른 저작재산권자의 표지에 수록되는 사항에 대하여 2017년 1월 1일을 기준으로 3년마다(매 3년이 되는 해의 1월 1일 전까지를 말한다) 그 타당성을 검토하여 개선 등의 조치를 해야 한다. 〈개정 2016. 12. 30., 2022. 3. 8.〉

[본조신설 2014. 11. 4.]

제77조(과태료의 부과기준) ① 법 제142조제1항에 따른 과태료의 부과기준은 별표 4와 같다.

② 법 제142조제2항에 따른 과태료의 부과기준은 별표 5와 같다.

[전문개정 2016. 9. 21.]

부칙 〈제20135호, 2007. 6. 29.〉

제1조 (시행일) 이 영은 공포한 날부터 시행한다. 다만, 제9조제1호 나목의 개정규정은 2008년 7월 1일부터 시행하고, 제11조의 개정규정은 2008년 1월 1일부터 시행한다.

제2조 (권리주장자의 소명 등에 관한 적용례) 제40조 각 호 외의 부분 단서의 개정규정은 이 영 시행 후 최초로 권리자임을 소명할 수 있는 자료를 제출하는 것부터 적용한다.

부칙 〈제20676호, 2008. 2. 29.〉 (문화체육관광부와 그 소속기관 직제)

제1조(시행일) 이 영은 공포한 날부터 시행한다.

제2조 부터 제4조까지 생략

제5조(다른 법령의 개정) ① 부터 ㉕ 까지 생략

㉖ 저작권법 시행령 일부를 다음과 같이 개정한다.

제3조제1항 · 제2항, 제4조 각 호 외의 부분 전단, 제6조제1항 · 제2항, 제7조 각 호 외의 부분 전단, 제8조제2항 각 호 외의 부분 · 제3항, 제10조, 제17조, 제19조, 제20조제1항 각 호 외의 부분 · 제3항 각 호 외의 부분, 제21조제1항 전단 · 제2항 각 호 외의 부분, 제22조제1항 각 호 외의 부분 · 제2항 본문, 제26조제1항, 제28조제1항 · 제2항, 제29조제1항, 제30조, 제31조제1항 각 호 외의 부분, 제32조, 제33조제1항, 제34조, 제36조제1항제3호 · 제3항 각 호 외의 부분 · 제4항 · 제6항 각 호 외의 부분 · 제7항, 제37조제5항, 제47조제1항 각 호 외의 부분 · 제2항, 제48조제1항 각 호 외의 부분 · 제2항, 제49조제1항 · 제2항 본문 · 제3항 · 제4항, 제53조제2항 본문, 제54조제1항 · 제2항 본문 · 제4항 · 제5항, 제55조, 제58조제3항, 제65조제2항 단서, 제66조제4항 단서, 제67조제1항부터 제3항까지, 제68조제1항 각 호 외의 부분 · 제2항 · 제3항, 제70조제1항 각 호 외의 부분 · 제3호, 제72조제1항 본문 · 제2항, 제73조제6호, 제74조제1항 각 호 외의 부분 · 제5호 · 제2항 · 제3항, 제75조제

1항 · 제2항, 제76조제1항제4호 · 제2항 각 호 외의 부분 · 제3항 · 제4항 각 호 외의 부분 · 제5항 · 제6항, 제77조제1항 · 제2항 전단 중 "문화관광부장관"을 각각 "문화체육관광부장관"으로 한다.

제11조제3호, 제18조제2호, 제19조, 제23조제4항, 제26조제1항, 제27조제2항, 제28조제2항, 제30조, 제34조, 제36조제3항 각 호 외의 부분 · 제4항, 제37조제1항 · 제3항, 제40조 각 호 외의 부분 본문, 제41조제1항, 제42조 각 호 외의 부분, 제43조제1항, 제45조 각 호 외의 부분 본문, 제47조제1항 각 호 외의 부분 · 제2항, 제48조제1항 각 호 외의 부분 · 제2항 · 제3항, 제52조제1항 · 제2항, 제69조제2항, 제70조제2항, 제72조제2항, 제75조제1항 · 제2항, 제76조제2항 각 호 외의 부분, 제77조제3항 중 "문화관광부령"을 각각 "문화체육관광부령"으로 한다.

제7조 각 호 외의 부분 전단 및 후단, 제18조제2호, 제21조제2항 각 호 외의 부분, 제33조제1항, 제49조제3항 · 제4항, 제75조제2항 중 "문화관광부"를 각각 "문화체육관광부"로 한다.

㉗ 부터 ㊲ 까지 생략

부칙 〈제21148호, 2008. 12. 3.〉 (잡지 등 정기간행물의 진흥에 관한 법률 시행령)

제1조(시행일) 이 영은 2008년 12월 6일부터 시행한다.

제2조(다른 법령의 개정) ① 부터 ⑪ 까지 생략

⑫ 저작권법 시행령 일부를 다음과 같이 개정한다.

제38조 각 호외 부분 단서 중 "「신문 등의 자유와 기능보장에 관한 법률」 제12조제1항에 따라 등록된 정기간행물"을 "「신문 등의 자유와 기능보장에 관한 법률」 제12조제1항에 따라 등록된 신문 및 「잡지 등 정기간행물의 진흥에 관한 법률」 제15조 및 제16조에 따라 등록 또는 신고된 정기간행물"로 한다.

⑬ 및 ⑭ 생략

제3조 생략

부칙 〈제21634호, 2009. 7. 22.〉

제1조(시행일) 이 영은 2009년 7월 23일부터 시행한다. 다만, 제14조제2항의 개정규정은 2009년 9월 26일부터 시행한다.

제2조(다른 법령의 폐지) 컴퓨터프로그램 보호법 시행령은 폐지한다.

제3조(다른 법령의 개정) ① 게임산업진흥에 관한 법률 시행령 일부를 다음과 같이 개정한다.

제9조 각 호를 다음과 같이 한다.

1. 「저작권법」 제112조에 따른 한국저작권위원회

2. 「민법」 제32조에 따라 게임산업진흥을 목적으로 설립된 재단법인

② 관세법 시행령 일부를 다음과 같이 개정한다.

제237조 각 호 외의 부분 중 "저작권, 저작인접권 또는 프로그램저작권(이하 "저작권등" 이라 한다)"을 "저작권 또는 저작인접권(이하 "저작권등" 이라 한다)"으로 하고, "「상표법」, 「저작권법」 또는 「컴퓨터프로그램 보호법」"을 "「상표법」 또는 「저작권법」"으로 한다.

③ 국가연구개발사업의 관리 등에 관한 규정 일부를 다음과 같이 개정한다.

별표 3 중 소프트웨어의 관리·유통 전담기관란을 다음과 같이 한다.

「저작권법」 제112조에 따른 한국저작권위원회

④ 국제조세조정에 관한 법률 시행령 일부를 다음과 같이 개정한다.

제14조의2제1항제1호바목을 삭제한다.

⑤ 부가가치세법 시행령 일부를 다음과 같이 개정한다.

제37조제4호 중 "「저작권법」 제78조의 규정에 의하여"를 "「저작권법」 제105조제1항에 따라"로 한다.

⑥ 산업기술혁신 촉진법 시행령 일부를 다음과 같이 개정한다.

제16조제3항제2호를 다음과 같이 한다.

2. 「저작권법」에 따른 저작재산권

⑦ 소비자기본법 시행령 일부를 다음과 같이 개정한다.

제25조제4호를 다음과 같이 하고, 같은 조 제5호를 삭제한다.

4. 「저작권법」제112조에 따른 한국저작권위원회

⑧ 조세특례제한법 시행령 일부를 다음과 같이 개정한다.

제10조제3항제5호 중 "「컴퓨터프로그램 보호법」"을 "「저작권법」"으로 한다.

⑨ 음악산업진흥에 관한 법률 시행령 일부를 다음과 같이 개정한다.

제6조제1항제2호를 다음과 같이 한다.

2. 「저작권법」 제112조에 따른 한국저작권위원회

제4조(다른 법령과의 관계) 이 영 시행 당시 다른 법령에서 종전의 「컴퓨터프로그램 보호법 시행령」 또는 그 규정을 인용하고 있는 경우에는 이 영 또는 이 영의 해당 규정을 인용한 것으로 본다.

부칙 〈제21676호, 2009. 8. 6.〉 (식품위생법 시행령)

제1조(시행일) 이 영은 2009년 8월 7일부터 시행한다. 〈단서 생략〉

제2조 및 제3조 생략

제4조(다른 법령의 개정) ① 부터 ⑦ 까지 생략

⑧ 저작권법 시행령 일부를 다음과 같이 개정한다.

제11조제1호 각 호 외의 부분 중 "「식품위생법 시행령」 제7조제8호"를 "「식품위생법 시행령」 제21조제8호"로 하고, 같은 호 가목 중 "「식품위생법 시행령」 제7조제8호 다목"을 "「식품위생법 시행령」 제21조제8호다목"으로 한다.

⑨ 부터 ⑯ 까지 생략

제5조 생략

부칙 〈제22003호, 2010. 1. 27.〉 (신문 등의 진흥에 관한 법률 시행령)

제1조(시행일) 이 영은 2010년 2월 1일부터 시행한다.

제2조 및 제3조 생략

제4조(다른 법령의 개정) ① 부터 ㉟ 까지 생략

㊱ 저작권법 시행령 일부를 다음과 같이 개정한다.

제7조 각 호 외의 부분, 제18조제2호 및 제38조 각 호 외의 부분 단서 중 "「신문 등의 자유와 기능보장에 관한 법률」 제12조제1항"을 각각 "「신문 등의 진흥에 관한 법률」 제9조제1항"으로 한다.

㊲ 부터 ㊺ 까지 생략

제5조 생략

부칙 〈제23001호, 2011. 6. 30.〉

이 영은 「대한민국과 유럽연합 및 그 회원국 간의 자유무역협정」이 발효하는 날부터 시행한다.

부칙 〈제23338호, 2011. 12. 2.〉

이 영은 「대한민국과 미합중국 간의 자유무역협정」이 발효하는 날부터 시행한다.

부칙 〈제23721호, 2012. 4. 12.〉

제1조(시행일) 이 영은 공포 후 6개월이 경과한 날부터 시행한다.

제2조(저작물 이용에 관한 경과조치) 이 영 시행 전에 제19조에 따라 저작물 이용 승인 신청을 한 경우에는 제18조제1항의 개정규정에도 불구하고 종전의 규정에 따른다.

부칙 〈제23928호, 2012. 7. 4.〉 (위원회 운영의 공정성 제고를 위한 경제자유구역 및 제주국제자유도시의 외국교육기관 설립·운영에 관한 특별법 시행령 등 일부개정령)

이 영은 공포한 날부터 시행한다. 〈단서 생략〉

부칙 〈제24797호, 2013. 10. 16.〉

제1조(시행일) 이 영은 2013년 10월 17일부터 시행한다.

제2조(시각장애인 등을 위한 복제 등에 관한 적용례) 제15조제1호의 개정규정은 이 영 시행 후 시각장애인 등을 위한 복제 등을 하는 경우부터 적용한다.

부칙 〈제25379호, 2014. 6. 11.〉

이 영은 2014년 7월 1일부터 시행한다.

부칙 〈제25697호, 2014. 11. 4.〉

이 영은 공포한 날부터 시행한다.

부칙 〈제26333호, 2015. 6. 22.〉 (양성평등기본법 시행령)

제1조(시행일) 이 영은 2015년 7월 1일부터 시행한다.

제2조 생략

제3조(다른 법령의 개정) ① 및 ② 생략

③ 저작권법 시행령 일부를 다음과 같이 개정한다.

제11조제8호사목을 삭제한다.

④ 생략

제4조 생략

부칙 〈제26398호, 2015. 7. 13.〉

제1조(시행일) 이 영은 공포한 날부터 시행한다.

제2조(정보통신망 정보검색도구를 이용한 저작재산권자 등의 검색에 관한 적용례) 제18조제1항제4호의 개정규정은 이 영 시행 이후 법 제50조제1항(법 제89조 및 제97조에 따라 준용되는 경우를 포함한다) 및 이 영 제19조에 따라 법정허락 승인을 신청하는 경우부터 적용한다.

제3조(법정허락 승인 신청에 관한 경과조치) 이 영 시행 전에 법 제50조제1항(법 제89조 및 제97조에 따라 준용되는 경우를 포함한다) 및 이 영 제19조에 따라 법정허락 승인을 신청한 경우에는 제18조제1항제3호나목, 같은 조 제2항제3호 및 제20조제1항제1호의 개정규정에도 불구하고 종전의 규정에 따른다.

부칙 〈제27427호, 2016. 8. 2.〉 (한국수화언어법 시행령)

제1조(시행일) 이 영은 2016년 8월 4일부터 시행한다.
제2조(다른 법령의 개정) ①부터 ⑧까지 생략
⑨ 저작권법 시행령 일부를 다음과 같이 개정한다.
제15조의2제1호가목 중 "수화통역센터"를 "한국수어통역센터"로 한다.
⑩ 생략

부칙 〈제27503호, 2016. 9. 21.〉
제1조(시행일) 이 영은 2016년 9월 23일부터 시행한다.
제2조(과징금의 부과기준에 관한 경과조치) 이 영 시행 전의 위반행위에 대하여 과징금의 부과기준을 적용할 때에는 제54조제6항 및 별표 3의 개정규정에도 불구하고 종전의 규정에 따른다.
제3조(다른 법령의 개정) ① 게임산업진흥에 관한 법률 시행령 일부를 다음과 같이 개정한다.
제9조제1호를 다음과 같이 한다.
1. 「저작권법」 제112조에 따른 한국저작권위원회 또는 같은 법 제122조의2에 따른 한국저작권보호원
② 공간정보산업 진흥법 시행령 일부를 다음과 같이 개정한다.
제6조제3호를 다음과 같이 한다.
3. 「저작권법」 제112조에 따른 한국저작권위원회 또는 같은 법 제122조의2에 따른 한국저작권보호원
③ 만화진흥에 관한 법률 시행령 일부를 다음과 같이 개정한다.
제5조제1호를 다음과 같이 한다.
1. 「저작권법」 제112조에 따른 한국저작권위원회 또는 같은 법 제122조의2에 따른 한국저작권보호원
④ 음악산업진흥에 관한 법률 시행령 일부를 다음과 같이 개정한다.
제6조제1항제2호를 다음과 같이 한다.
2. 「저작권법」 제112조에 따른 한국저작권위원회 또는 같은 법 제122조의2에 따른 한국저작권보호원

부칙 〈제27751호, 2016. 12. 30.〉 (규제 재검토기한 설정 등을 위한 가맹사업거래의 공정화에 관한 법률 시행령 등 일부개정령)
제1조(시행일) 이 영은 2017년 1월 1일부터 시행한다. 〈단서 생략〉
제2조 부터 제12조까지 생략

부칙 〈제27970호, 2017. 3. 29.〉 (항공사업법 시행령)
제1조(시행일) 이 영은 2017년 3월 30일부터 시행한다.
제2조 부터 제5조까지 생략
제6조(다른 법령의 개정) ①부터 ⑧까지 생략
⑨ 저작권법 시행령 일부를 다음과 같이 개정한다.
제11조제4호 중 “「항공법」”을 “「항공사업법」” 으로 한다.
⑩ 및 ⑪ 생략
제7조 생략

부칙 〈제28251호, 2017. 8. 22.〉
이 영은 공포 후 1년이 경과한 날부터 시행한다.

부칙 〈제29689호, 2019. 4. 16.〉
이 영은 2019년 4월 17일부터 시행한다.

부칙 〈제29950호, 2019. 7. 2.〉 (어려운 법령용어 정비를 위한 210개 법령의 일부개정에 관한 대통령령)
이 영은 공포한 날부터 시행한다. 〈단서 생략〉

부칙 〈제30701호, 2020. 5. 26.〉
제1조(시행일) 이 영은 2020년 5월 27일부터 시행한다.
제2조(결산서 작성에 관한 적용례) 제51조의3제3항의 개정규정은 2021년 1월 1일이 속하는 회계연도의 결산서를 작성하는 경우부터 적용한다.

부칙 〈제30898호, 2020. 8. 4.〉

이 영은 2020년 8월 5일부터 시행한다.

부칙 〈제32223호, 2021. 12. 16.〉 (지방자치법 시행령)

제1조(시행일) 이 영은 2022년 1월 13일부터 시행한다. 〈단서 생략〉

제2조 부터 제4조까지 생략

제5조(다른 법령의 개정) ①부터 ㊱까지 생략

㊲ 저작권법 시행령 일부를 다음과 같이 개정한다.

제11조제8호자목 중 "「지방자치법」 제144조"를 "「지방자치법」 제161조"로 한다.

㊳부터 〈66〉까지 생략

제6조 생략

부칙 〈제32528호, 2022. 3. 8.〉 (규제 재검토기한 설정 해제 등을 위한 91개 법령의 일부개정에 관한 대통령령)

이 영은 공포한 날부터 시행한다.

부칙 〈제33023호, 2022. 12. 6.〉 (도서관법 시행령)

제1조(시행일) 이 영은 2022년 12월 8일부터 시행한다.

제2조 부터 제4조까지 생략

제5조(다른 법령의 개정) ①부터 ⑰까지 생략

⑱ 저작권법 시행령 일부를 다음과 같이 개정한다.

제12조제1호 중 "제외한다)"를 "제외한다) 및 특수도서관"으로 한다.

제16조의2제2호를 다음과 같이 한다.

2. 「도서관법」 제19조에 따른 국립중앙도서관 및 같은 법 제25조에 따른 광역대표도서관

제16조의3제5호 중 "「도서관법」 제2조제2호"를 "「도서관법」 제3조제2호"로, "같은 법 제19조제1항제3호"를 "같은 법 제20조제1항제3호"로 한다.

⑲부터 ㉕까지 생략

제6조 생략

부칙 〈제33943호, 2023. 12. 12.〉

제1조(시행일) 이 영은 공포한 날부터 시행한다.

제2조(통합 징수 업무 위탁수수료의 기준에 관한 경과조치) 이 영 시행 전에 법 제106조제4항에 따라 통합 징수 업무를 위탁하는 계약을 체결한 경우 해당 계약 만료일까지의 위탁수수료 기준에 관하여는 제51조의2제5항의 개정규정에도 불구하고 종전의 제51조의2제5항 및 별표 1에 따른다.

부칙 〈제34181호, 2024. 2. 6.〉

제1조(시행일) 이 영은 2024년 2월 9일부터 시행한다. 다만, 제24조제4호 및 제27조제1항제7호의 개정규정은 공포 후 3개월이 경과한 날부터 시행하고, 제38조의2, 제68조제1항제3호 및 제3호의2의 개정규정은 공포한 날부터 시행한다.

제2조(저작권 등록 사항 및 저작권등록부 기재 사항에 관한 적용례) 제24조제4호 및 제27조제1항제7호의 개정규정은 이 영 시행 전에 법 제53조에 따른 등록을 신청하여 이 영 시행 당시 그 절차가 진행 중인 경우에도 적용한다.

부칙 〈제34926호, 2024. 10. 2.〉

제1조(시행일) 이 영은 공포한 날부터 시행한다.

제2조(법정허락 승인 신청에 관한 경과조치) 이 영 시행 전에 법 제50조제1항(법 제89조 및 제97조에 따라 준용되는 경우를 포함한다) 및 이 영 제19조에 따라 법정허락 승인을 신청한 경우에는 제18조제1항제2호 각 목 외의 부분의 개정규정에도 불구하고 종전의 규정에 따른다.

별표 / 서식

[별표 1] 삭제 〈2023. 12. 12.〉

[별표 2] 업무정지의 세부기준(제53조 관련)

[별표 3] 과징금의 부과기준(제54조제6항 관련)
[별표 4] 과태료의 부과기준(제77조제1항 관련)
[별표 5] 과태료의 부과기준(제77조제2항 관련)

저작권법 시행규칙

[시행 2024. 5. 7.] [문화체육관광부령 제546호, 2024. 5. 7., 일부개정]

제19조(저작권대리중개업 신고서 등)
제19조의2(저작권신탁관리업 변경허가 등)
제19조의3(신고 · 변경신고 수리 여부의 통지 기간)
제20조(보고)
제21조(납입고지서)
제22조(과징금 부과 · 징수대장)
제23조(수수료)
제24조(수거확인증 등)
제25조(권한표시 증표)
제26조(삭제 · 전송중단 등의 명령서 등)
제27조(장부의 작성보관)
제28조(저작재산권등 기증서약서)
제29조(기증저작재산권 등 관리대장)
제30조(관리단체의 지정신청서 등)
제31조삭   제

**개정 예정 법률 밑줄 별도 표시.

저작권법 시행규칙

[시행 2024. 5. 7.] [문화체육관광부령 제546호, 2024. 5. 7., 일부개정]

제1조(목적) 이 규칙은 「저작권법」 및 같은 법 시행령에서 위임된 사항과 그 시행에 필요한 사항을 정함을 목적으로 한다.

제2조(전문체육시설의 종류) 「저작권법 시행령」(이하 "영"이라 한다) 제11조제3호에서 "문화체육관광부령으로 정하는 전문체육시설"이란 「체육시설의 설치·이용에 관한 법률 시행규칙」 별표 1 제1호의 시설종류 중 종합운동장 및 체육관과 같은 표 제2호의 시설종류 중 운동장 및 체육관을 말한다. 〈개정 2008. 3. 6.〉

제2조의2(복제기기의 종류) 「저작권법」(이하 "법"이라 한다) 제30조 단서에서 "복사기기, 스캐너, 사진기 등 문화체육관광부령으로 정하는 복제기기"란 다음 각 호의 기기를 말한다.

1. 복사기
2. 스캐너
3. 사진기
4. 제1호부터 제3호까지의 규정에 해당하는 기기의 기능을 복합하여 갖추고 있는 복제기기

[본조신설 2020. 8. 5.]

[종전 제2조의2는 제2조의3으로 이동 〈2020. 8. 5.〉]

제2조의3(정보 조회 요청) 영 제16조의3제3호 및 제8호에 따라 저작재산권자나 그의 거소에 관한 정보의 조회를 요청하려는 문화시설은 별지 제1호서식의 정보 조회 요청서를 법 제25조제7항에 따라 보상을 받을 권리를 행사하는 단체, 법 제105조제1항 본문에 따라

저작권신탁관리업의 허가를 받은 자 및 영 제16조의3제8호에 따른 창작자에 관한 정보를 관리하고 있는 단체(이하 이 조에서 “창작자정보관리단체”라 한다)에 제출해야 한다. 다만, 창작자정보관리단체의 인터넷 홈페이지 등을 통해 저작재산권자나 그의 거소에 관한 정보를 조회할 수 있는 경우에는 홈페이지 등을 조회하는 것으로 이를 갈음할 수 있다. 〈개정 2020. 8. 5.〉

[본조신설 2020. 5. 27.]

[제2조의2에서 이동, 종전 제2조의3은 제2조의4로 이동 〈2020. 8. 5.〉]

제2조의4(저작물 이용 중단 요구서) 영 제16조의4에 따라 저작물의 이용을 중단할 것을 요구하려는 저작재산권자는 별지 제1호의2서식의 저작물 이용 중단 요구서에 다음 각 호의 자료를 첨부하여 문화시설에 제출해야 한다.

1. 영 제16조의4 각 호의 어느 하나에 해당하는 자료
2. 본인임을 확인할 수 있는 자료
3. 대리인임을 증명하는 자료(대리인이 이용 중단을 요구하는 경우만 해당한다)

[본조신설 2020. 5. 27.]

[제2조의3에서 이동, 종전 제2조의4는 제2조의5로 이동 〈2020. 8. 5.〉]

제2조의5(보상금 결정 신청서) 영 제16조의5제1항에 따라 보상금 결정을 신청하려는 자는 별지 제1호의3서식의 보상금 결정 신청서에 다음 각 호의 서류를 첨부하여 문화체육관광부장관에게 제출해야 한다.

1. 해당 저작물을 문화시설이 이용하였음을 증명하는 서류
2. 법 제35조의4제3항에 따라 저작재산권자와 문화시설이 보상금에 관하여 협의한 서류

[본조신설 2020. 5. 27.]

[제2조의4에서 이동 〈2020. 8. 5.〉]

제3조(공고의 내용) 영 제18조제1항제3호 각 목 외의 부분 및 제2

항제3호에서 "문화체육관광부령으로 정하는 사항"은 다음 각 호와 같다. 〈개정 2012. 10. 18.〉

1. 저작재산권자를 찾는다는 취지

2. 저작재산권자의 성명 또는 명칭, 주소 또는 거소 등(알 수 있는 경우에 한정한다)

3. 저작물의 제호

4. 공표 시 표시된 저작재산권자의 성명(실명 또는 이명)

5. 저작물을 발행 또는 공표한 자

6. 저작물의 이용 목적

7. 복제물의 표지사진 등의 자료(가능한 경우에 한정한다)

8. 공고자 및 연락처

제4조(저작물 등 이용 승인신청서) 영 제19조에 따라 승인을 받으려는 자는 별지 제1호의4서식에 따른 이용 승인신청서에 다음 각 호의 서류를 첨부하여 문화체육관광부장관에게 제출하여야 한다. 〈개정 2008. 3. 6., 2020. 5. 27.〉

1. 별지 제2호서식에 따른 이용 승인신청명세서(저작물·실연·음반·방송·데이터베이스의 형태 및 내용이 명확하지 아니한 경우에는 그 견본·도면 또는 사진 등을 첨부하여야 한다)

2. 보상금액산정내역서

3. 해당 저작물 등이 공표되었음을 밝힐 수 있는 서류

4. 저작재산권자·저작인접권자 또는 데이터베이스제작자나 그의 거소를 알 수 없음을 밝힐 수 있는 서류(위 사유로 승인신청하는 경우에 한정한다)

5. 협의에 관한 경과서류(협의가 성립되지 아니하여 승인신청하는 경우에 한정한다)

6. 해당 음반이 우리나라에서 판매되어 3년이 경과하였음을 밝힐 수 있는 서류(법 제52조 및 법 제89조에 따라 승인신청하는 경우에 한정한다)

제5조(보상금의 지급 사실 공고) 영 제23조에 따라 보상금을 지급받은 사실을 공고하려는 법 제112조에 따른 한국저작권위원회(이하

"위원회"라 한다)는 다음 각 호의 사항을 영 제73조제2항에 따른 권리자가 불명인 저작물등의 권리자 찾기 정보시스템(이하 "권리자 찾기 정보시스템"이라 한다)에 게시하여야 한다. 〈개정 2008. 3. 6., 2009. 7. 24., 2012. 10. 18., 2020. 5. 27.〉

1. 저작물의 제호(제호가 없는 경우에는 그 내용을 요약 기재하여야 한다)
2. 저작자 및 저작재산권자의 성명(저작자 및 저작재산권자를 알 수 없는 경우에는 그 뜻을 기재하여야 한다)
3. 저작물 이용의 내용
4. 보상금 금액
5. 삭제 〈2020. 5. 27.〉
6. 보상금 지급 근거
7. 저작물 이용자의 성명

[제목개정 2020. 5. 27.]

제5조의2(보상금 청구서) 영 제23조의2에 따라 보상금을 받으려는 저작재산권자는 별지 제2호의2서식의 보상금 청구서에 다음 각 호의 자료를 첨부하여 위원회에 제출해야 한다.

1. 영 제23조의2제1항 각 호의 어느 하나에 해당하는 자료
2. 본인임을 확인할 수 있는 자료
3. 대리인임을 증명하는 자료(대리인이 청구하는 경우만 해당한다)

[본조신설 2020. 5. 27.]

제6조(등록신청서) ①영 제26조제1항에 따라 저작권, 법 제57조에 따른 배타적발행권(이하 "배타적발행권"이라 한다), 법 제63조에 따른 출판권(이하 "출판권"이라 한다), 법 제90조 및 제98조에서 준용하는 저작인접권 및 저작인접권의 배타적발행권, 데이터베이스제작자의 권리 및 데이터베이스제작자의 권리의 배타적발행권을 등록하려는 자는 다음 각 호에 따른 등록신청서와 명세서를 제출하여야 한다. 〈개정 2009. 7. 24., 2011. 12. 2.〉

1. 저작권 등의 등록

가. 저작권의 등록 : 별지 제3호서식의 저작권등록신청서[컴퓨터

프로그램저작물(이하 "프로그램"이라 한다)의 경우 별지 제3호의2서식의 프로그램등록신청서]와 별지 제4호서식의 저작권등록신청명세서(프로그램의 경우 별지 제4호의2서식의 프로그램등록신청명세서)

나. 삭제 〈2009. 7. 24.〉

다. 저작인접권의 등록 : 별지 제7호서식의 저작인접권 등록신청서와 별지 제8호서식의 저작인접권(실연) 등록신청명세서, 별지 제9호서식의 저작인접권(음반) 등록신청명세서 또는 별지 제10호서식의 저작인접권(방송) 등록신청명세서

라. 데이터베이스제작자의 권리의 등록 : 별지 제11호서식의 데이터베이스제작자권리 등록신청서와 별지 제12호서식의 데이터베이스제작자권리 등록신청명세서

2. 권리변동 등의 등록

가. 프로그램의 저작재산권을 제외한 저작재산권, 배타적발행권 및 출판권의 권리변동 등의 등록: 별지 제5호서식에 따른 등록신청서와 별지 제6호서식에 따른 등록신청명세서

나. 프로그램 저작재산권의 배타적발행권을 포함한 프로그램의 저작재산권 또는 그 권리변동 등을 등록한 경우 그 권리변동 등의 등록: 별지 제5호의2서식에 따른 등록신청서

다. 프로그램 저작재산권의 배타적발행권을 포함한 프로그램의 저작재산권 또는 그 권리변동 등을 등록하지 아니한 경우 그 권리변동 등의 등록: 별지 제4호의2서식에 따른 프로그램등록신청명세서와 별지 제5호의2서식에 따른 등록신청서

라. 저작인접권 및 저작인접권의 배타적발행권의 권리변동 등의 등록 : 별지 제13호서식에 따른 등록신청서와 별지 제14호서식의 저작인접권(실연) 및 저작인접권(실연)의 배타적발행권 변동등록신청명세서, 별지 제15호서식의 저작인접권(음반) 및 저작인접권(음반)의 배타적발행권 변동등록신청명세서 또는 별지 제16호서식의 저작인접권(방송) 변동등록신청명세서

마. 데이터베이스제작자의 권리 및 데이터베이스제작자의 권리의 배타적발행권의 권리변동 등의 등록 : 별지 제17호서식에 따른

등록신청서와 별지 제18호서식의 데이터베이스제작자의 권리 및 데이터베이스제작자의 권리의 배타적발행권 변동등록신청명세서

②제1항에 따른 등록신청서에는 다음 각 호의 서류 등을 첨부하여야 한다. 〈개정 2009. 7. 24., 2016. 11. 8., 2023. 6. 13., 2024. 5. 7.〉

1. 등록과 관련한 복제물이나 그 내용을 알 수 있는 도면·사진 등의 서류 또는 전자적 기록매체

2. 등록사유를 증명하는 서류(등록내용에 대하여 증명이 필요한 경우에 한정한다)

3. 공동저작자·공동저작인접권자·공동데이터베이스제작자·공동상속인·공동등록권리자 또는 공동등록의무자가 있는 경우에는 별지 제19호서식에 따른 목록

4. 저작물·저작인접물·데이터베이스를 대량으로 등록하는 경우에는 별지 제20호서식에 따른 목록

5. 등록원인에 대하여 제3자의 동의 또는 허락을 요하는 경우에는 이를 증명하는 서류

6. 등록권리자·등록의무자임을 증명하는 서류(대리인이 등록을 신청하는 경우에는 대리인임을 증명하는 서류를 포함한다)

7. 등록의무자의 승낙서(영 제26조제2항 단서에 따라 등록권리자만으로 신청하는 경우에 한정한다)

8. 다음 각 목의 구분에 따른 증명서류

가. 「국민기초생활 보장법」 제7조제1항제1호부터 제4호까지에 따른 급여의 수급자: 같은 법 시행규칙 별지 제3호의2서식의 수급자 증명서

나. 「국가유공자 등 예우 및 지원에 관한 법률」 제4조제1항에 따른 국가유공자: 같은 법 시행규칙 별표 6에 따른 국가보훈등록증 사본

다. 「5·18민주유공자예우 및 단체설립에 관한 법률」 제4조에 따른 5·18민주유공자: 같은 법 시행규칙 별표 2에 따른 국가보훈등록증 사본

라. 「장애인복지법」제32조에 따라 등록된 장애인: 같은 법 제32조제1항에 따른 장애인등록증 사본

③ 제2항제1호에도 불구하고 프로그램의 경우에는 프로그램 복제물을 수록한 전자적 기록매체 1부를 제출하여야 한다. 〈신설 2009. 7. 24.〉

④ 제3항에 따라 프로그램의 복제물을 제출하는 때에 프로그램 내용의 일부만으로 창작사실을 입증할 수 있는 경우에는 일부를 발췌하여 제출할 수 있다. 이 경우 컴퓨터에 의하여 변환되기 전의 프로그램 언어로 표시된 것을 제출하여야 한다. 〈신설 2009. 7. 24.〉

제6조의2(복제물의 관리와 복제 등) ① 위원회는 제6조제2항 및 제3항에 따라 제출받은 복제물을 비밀이 유지될 수 있도록 전용보관장소에 보관하고 필요한 보안조치를 하여야 한다. 〈개정 2012. 10. 18., 2020. 5. 27.〉

② 제1항에 따라 제출된 복제물이 프로그램인 경우에는 봉함하여야 한다. 다만, 영 제35조에 따라 전산정보처리시스템에 의하여 복제물이 처리되는 경우에는 비밀을 유지할 수 있는 기술적 조치로 봉함을 대신할 수 있다.

③ 위원회는 등록된 프로그램의 멸실·훼손 등에 대비하기 위하여 필요한 경우에는 제2항에 따라 봉함된 프로그램의 복제물을 일시적으로 개봉하여 별도의 매체에 복제할 수 있다. 이 경우 복제한 후에는 지체 없이 다시 봉함하여야 한다.

④ 위원회는 저작권자나 저작권자의 동의를 얻은 제3자가 제6조제2항제1호 및 제6조제3항에 따라 제출된 복제물의 복제를 요구하는 경우 이를 복제할 수 있다.

[본조신설 2009. 7. 24.]

제6조의3(이의신청서) 법 제55조제3항 또는 제55조의3제3항에 따라 이의신청을 하려는 자는 별지 제20호의2서식의 이의신청서에 다음 각 호의 서류를 첨부하여 위원회에 제출해야 한다.

1. 신청인 본인임을 확인할 수 있는 서류

2. 대리인임을 증명하는 서류(대리인이 신청하는 경우만 해당한다)

3. 이의신청 사유를 증명할 수 있는 자료(해당 자료가 있는 경우만 해당한다)

[본조신설 2020. 8. 5.]

제7조(저작권 등록부 등) 영 제27조제2항에 따른 저작권등록부(프로그램의 경우 프로그램등록부를 말한다), 법 제90조 및 제98조에서 준용하는 저작인접권등록부 및 데이터베이스제작자권리등록부는 다음 각 호에 따른다. 〈개정 2009. 7. 24., 2011. 12. 2.〉

1. 저작권등록부 : 별지 제21호서식
2. 프로그램등록부 : 별지 제21호의2서식
3. 삭제 〈2011. 12. 2.〉
4. 저작인접권등록부 : 별지 제23호서식
5. 데이터베이스제작자권리등록부 : 별지 제24호서식

제7조의2(저작권등록부의 열람 등) ① 영 제27조의5에 따라 저작권등록부를 열람하거나 그 사본을 발급받으려는 자는 별지 제24호의2서식에 따른 신청서를 제출해야 한다. 이 경우 대리인이 신청하는 경우에는 대리인임을 증명하는 서류를 첨부해야 한다. 〈개정 2020. 8. 5.〉

②위원회는 제1항의 신청에 따라 저작권등록부 사본을 발급하는 경우에는 저작권등록부 사본의 끝부분 또는 그 뒷면에 저작권등록부의 사본임을 알리는 문항과 그 발급 연월일을 기재하고, 담당부서장의 직인을 찍어야 한다. 〈개정 2009. 7. 24., 2020. 8. 5.〉

[제목개정 2020. 8. 5.]

[제10조에서 이동 〈2020. 8. 5.〉]

제8조(등록증) ①위원회는 영 제28조제1항에 따라 저작권, 배타적발행권, 출판권, 법 제90조 및 제98조에서 준용하는 저작인접권 및 저작인접권의 배타적발행권, 데이터베이스제작자의 권리 및 데이터베이스제작자의 권리의 배타적발행권의 등록을 한 경우에는 다음 각 호의 등록증을 등록신청인에게 발급하여야 한다 〈개정 2009. 7. 24., 2011. 12. 2., 2016. 11. 8.〉

1. 저작권을 등록한 경우 : 별지 제25호서식에 따른 저작권 등록증

1의2. 삭제 〈2016. 11. 8.〉

2. 삭제 〈2011. 12. 2.〉

3. 저작인접권을 등록한 경우 : 별지 제27호서식에 따른 저작인접권 등록증

4. 데이터베이스제작자권리를 등록한 경우 : 별지 제28호서식에 따른 데이터베이스제작자권리 등록증

5. 저작재산권, 배타적발행권 및 출판권 권리변동 등을 등록한 경우 : 별지 제29호서식에 따른 저작권 권리변동 등록증

5의2. 삭제 〈2016. 11. 8.〉

6. 저작인접권 및 저작인접권의 배타적발행권 권리변동 등을 등록한 경우 : 별지 제30호서식에 따른 저작인접권 권리변동 등록증

7. 데이터베이스제작자의 권리 및 데이터베이스제작자의 권리의 배타적발행권 권리변동 등을 등록한 경우 : 별지 제31호서식에 따른 데이터베이스제작자 권리변동 등록증

②영 제28조제2항에 따라 등록증을 재발급 받으려는 자는 별지 제32호서식에 따른 신청서에 등록권리자임을 확인할 수 있는 서류 및 대리인임을 증명하는 서류(대리인이 신청하는 경우에 한정한다)를 첨부하여 제출하여야 한다. 〈개정 2009. 7. 24., 2011. 12. 2.〉

③ 위원회는 등록권리자가 영문등록증을 신청하는 경우에는 등록증의 기재 내용을 영어로 적은 다음 각 호의 구분에 따른 영문등록증을 등록권리자에게 발급할 수 있다. 〈신설 2016. 11. 8.〉

1. 저작권 등록증을 신청한 경우 : 별지 제25호의2서식

2. 저작인접권 등록증을 신청한 경우 : 별지 제27호의2서식

3. 데이터베이스제작자권리 등록증을 신청한 경우 : 별지 제28호의2서식

4. 저작권 권리변동 등록증을 신청한 경우 : 별지 제29호의2서식

5. 저작인접권 권리변동 등록증을 신청한 경우 : 별지 제30호의2서식

6. 데이터베이스제작자 권리변동 등록증을 신청한 경우 : 별지 제31호의2서식

④ 제3항에 따라 영문등록증을 신청하려는 등록권리자는 별지 제32호의2서식에 따른 신청서에 다음 각 호의 서류를 첨부하여 위원회에 제출하여야 한다. 〈신설 2016. 11. 8.〉

1. 등록권리자임을 확인할 수 있는 서류
2. 대리인이 신청하는 경우에는 대리인임을 증명하는 서류
3. 삭제 〈2020. 8. 5.〉

제9조(변경등록 등 신청서 및 등록신청취하서) ①법 제55조의3제1항에 따라 등록사항의 변경·경정·말소등록 또는 말소한 등록의 회복등록(이하 이 조에서 "변경등록등"이라 한다)을 신청하려는 자는 별지 제33호서식에 따른 신청서에 다음 각 호의 서류를 첨부하여 제출해야 한다. 〈개정 2009. 7. 24., 2011. 12. 2., 2020. 8. 5., 2023. 6. 13.〉

1. 삭제 〈2023. 6. 13.〉
2. 변경등록등의 사유를 증명하는 서류(변경등록등의 신청 내용에 대하여 증명이 필요한 경우만 해당한다)
3. 대리인임을 증명하는 서류(대리인이 변경등록등을 신청하는 경우만 해당한다)

②등록이 수리되기 전에 등록신청을 취하하려는 자는 별지 제34호서식에 따른 등록신청취하서에 다음 각 호의 서류를 첨부하여 제출하여야 한다.

1. 등록신청인 본인임을 확인할 수 있는 서류
2. 대리인임을 증명하는 서류(대리인이 등록신청을 취하하는 경우에 한정한다)
3. 등록신청인 명의의 계좌 사본

[제목개정 2020. 8. 5.]

제10조

[종전 제10조는 제7조의2로 이동 〈2020. 8. 5.〉]

제10조의2(전산정보처리시스템에 의한 등록사무처리 등) ① 영 제35조에 따라 전산정보처리시스템에 의하여 등록업무를 처리하는 경우에는 등록사항이 기록된 보조기억장치를 등록부로 본다.

② 등록신청의 당사자 또는 대리인은 전산정보처리시스템을 이용하여 등록신청을 할 수 있다.

③ 전산정보처리시스템에 의하여 등록사무를 처리하는 경우에는 전자문서 그 밖의 방법으로 첨부서류를 대신할 수 있으며, 전자문서의 경우에는 신청인·대리인의 기명날인 또는 서명은 전자서명으로 대신할 수 있다.

[본조신설 2009. 7. 24.]

제11조(인증기관 지정신청서 등) ①영 제36조제3항에 따른 인증기관지정신청서는 별지 제36호서식에 따른다.

②영 제36조제4항에 따른 인증기관 지정서는 별지 제37호서식에 따른다.

제12조(인증신청서 등) ①영 제37조제1항에 따라 인증을 받으려는 자는 다음 각 호의 인증신청서에 권리관계 또는 이용관계를 증명할 수 있는 서류를 첨부하여 제출하여야 한다. 〈개정 2009. 7. 24.〉

1. 권리인증신청서 : 별지 제38호서식
2. 이용허락인증신청서 : 별지 제38호의2서식

②영 제37조제3항에 따른 인증서는 다음 각 호의 서식에 따른다. 〈개정 2009. 7. 24.〉

1. 권리인증서 : 별지 제39호서식
2. 이용허락인증서 : 별지 제39호의2서식

제13조(복제·전송의 중단 요청서) 영 제40조에 따라 복제·전송 중단 요청을 하려는 자는 별지 제40호서식의 복제·전송 중단 요청서에 영 제40조제1항 각 호의 어느 하나에 해당하는 자료, 본인임을 확인할 수 있는 자료 및 대리인임을 증명하는 서류(대리인이 요청하는 경우에 한정한다)를 첨부하여 온라인서비스제공자에게 제출하여야 한다. 다만, 영 제40조제2항에 따라 진술서를 첨부한 경우에는 영 제40조제1항 각 호의 어느 하나에 해당하는 자료를 첨부하지 아니할 수 있다. 〈개정 2011. 12. 2.〉

제14조(복제·전송의 중단 통보서) 영 제41조제1항에 따른 복제·전송자에 대한 통보서는 별지 제41호서식에 따르고, 권리주장자에

대한 통보서는 별지 제42호서식에 따른다.

제15조(복제·전송의 재개 요청서) 영 제42조에 따라 복제·전송의 재개 요청을 하려는 자는 별지 제43호서식에 따른 복제·전송의 재개 요청서에 영 제42조제1항 각 호의 어느 하나에 해당하는 자료, 본인임을 확인할 수 있는 자료 및 대리인임을 증명하는 서류(대리인이 요청하는 경우에 한정한다)를 첨부하여 제출하여야 한다. 다만, 영 제42조제2항에 따라 진술서를 첨부한 경우에는 영 제42조제1항 각 호의 어느 하나에 해당하는 자료를 첨부하지 아니할 수 있다. 〈개정 2011. 12. 2.〉

제16조(복제·전송의 재개 통보서) 영 제43조제1항에 따라 복제·전송의 재개 통보를 하는 경우에는 별지 제44호서식의 복제·전송 재개통보서에 복제·전송 재개요청서를 첨부하여 통보하여야 한다.

제16조의2(정보 제공 청구서 등) ① 영 제44조의3에 따른 정보 제공 청구서는 별지 제44호의2서식에 따른다.

② 영 제44조의4제2항에 따른 정보 제공 명령서는 별지 제44호의3서식에 따르며, 영 제44조의4제3항에 따른 정보 제공서는 별지 제44호의4서식에 따른다.

[본조신설 2011. 12. 2.]

제17조(특수한 유형의 온라인서비스제공자에 대한 기술조치 등 요청서) 영 제45조에 따라 불법적인 전송을 차단하는 기술조치 등을 요청하려는 자는 별지 제45호서식에 따른 요청서에 영 제45조 각 호의 자료, 본인임을 확인할 수 있는 자료 및 대리인임을 증명하는 서류(대리인이 요청하는 경우에 한정한다)를 첨부하여 제출하여야 한다.

제18조(저작권신탁관리업 허가신청서 등) ①법 제105조제1항에 따라 저작권신탁관리업의 허가를 받으려는 자는 별지 제46호서식의 저작권신탁관리업 허가(변경허가)신청서에 다음 각 호의 서류를 첨부하여 제출하여야 한다. 〈개정 2009. 7. 24., 2020. 8. 5.〉

1. 저작권신탁관리업 업무규정
2. 신청인(법인 또는 단체의 대표자 및 임원)의 이력서
3. 정관 또는 규약

4. 재무제표(법인인 경우에 한정한다)

②제1항에 따른 신청서를 제출받은 담당공무원은 「전자정부법」 제36조제1항에 따른 행정정보의 공동이용을 통하여 법인 등기사항증명서(법인인 경우만 해당한다)를 확인하여야 한다. 〈개정 2009. 7. 24., 2012. 4. 5.〉

③영 제47조제2항에 따른 저작권신탁관리업 허가증은 별지 제47호서식에 따른다.

제19조(저작권대리중개업 신고서 등) ①법 제105조제1항에 따라 저작권대리중개업의 신고를 하려는 자는 별지 제48호서식의 저작권대리중개업 신고서에 다음 각 호의 서류를 첨부하여 제출하여야 한다.

1. 저작권대리중개업 업무규정
2. 신고인(법인 또는 단체인 경우에는 그 대표자 및 임원)의 이력서
3. 정관 또는 규약(법인 또는 단체인 경우에 한정한다)
4. 재무제표(법인인 경우에 한정한다)

②제1항에 따른 신고서를 제출받은 담당공무원은 「전자정부법」 제36조제1항에 따른 행정정보의 공동이용을 통하여 법인 등기사항증명서(법인인 경우만 해당한다)를 확인하여야 한다. 〈개정 2009. 7. 24., 2012. 4. 5.〉

③영 제48조제2항에 따른 저작권대리중개업 신고증은 별지 제49호서식에 따른다.

④ 삭제 〈2020. 8. 5.〉

제19조의2(저작권신탁관리업 변경허가 등) ① 법 제105조제4항에서 "문화체육관광부령으로 정하는 중요 사항"이란 다음 각 호의 어느 하나에 해당하는 사항을 말한다.

1. 저작권신탁관리업 업무규정
2. 취급하려는 저작물 등의 종류
3. 취급하려는 권리 등의 종류

② 법 제105조제4항에 따라 저작권신탁관리업의 변경허가를 받으려는 자는 별지 제46호서식의 저작권신탁관리업 허가(변경허가)신청서에 다음 각 호의 서류를 첨부하여 제출해야 한다.

1. 저작권신탁관리업 업무규정

2. 신청인(법인 또는 단체의 대표자 및 임원)의 이력서

3. 정관 또는 규약

4. 재무제표(법인인 경우만 해당한다)

③ 법 제105조제4항에 따라 저작권대리중개업 변경신고를 하려는 자는 별지 제50호서식의 저작권대리중개업 변경신고서에 신고증 및 변경사항을 증명하는 서류를 첨부하여 제출해야 한다.

[본조신설 2020. 8. 5.]

제19조의3(신고·변경신고 수리 여부의 통지 기간) 법 제105조제5항에서 “문화체육관광부령으로 정하는 기간”이란 20일을 말한다.

[본조신설 2020. 8. 5.]

제20조(보고) ①영 제52조제1항에 따라 저작권신탁관리업자는 다음 각 호에 따른 전년도의 사업실적 및 해당 연도의 사업계획을 매 사업연도 3월 31일까지 문화체육관광부장관에게 제출하여야 한다. 〈개정 2008. 3. 6.〉

1. 다음 각 목의 사항을 포함한 사업실적서

가. 신탁받은 저작물 등의 내역

나. 저작물 등을 이용에 제공하여 발생한 저작권료 및 수수료의 내역

2. 다음 각 목의 사항을 포함한 사업계획서

가. 신탁받은 저작물 등의 활용계획

나. 예산안

②영 제52조제2항에 따라 저작권대리중개업자는 다음 각 호의 내용을 포함하는 전년도의 사업실적을 매사업연도 3월 31일까지 문화체육관광부장관에게 제출하여야 한다. 〈개정 2008. 3. 6.〉

1. 대리 중개하는 저작물 등의 종류 및 수량

2. 저작물 등의 대리 중개를 통하여 발생한 저작권료 및 수수료의 내역

③ 저작권위탁관리업자는 영 제52조제3항 각 호의 사항을 권리자찾기 정보시스템을 통하여 문화체육관광부장관에게 보고할 수 있다.

〈신설 2012. 10. 18.〉

제21조(납입고지서) 영 제54조제1항에 따른 납입고지서는 별지 제51호서식에 따른다.

제22조(과징금 부과·징수대장) 영 제54조제5항에 따라 과징금의 부과·징수에 관한 사항은 별지 제52호서식의 과징금 부과·징수대장에 기록한다.

제23조(수수료) ①법 제132조에 따라 납부하여야 할 수수료의 금액은 별표와 같다.

② 다음 각 호의 어느 하나에 해당하는 사람이 법 제53조 및 제54조(법 제90조 및 제98조에서 준용하는 경우를 포함한다)에 따라 저작권 등의 등록을 신청하는 경우에는 제1항에도 불구하고 연간 10건에 한하여 그 수수료를 면제한다. 다만, 등록 신청이 반려되거나 1개월 이내에 등록 신청을 취하한 경우는 연간 10건에 포함하지 않는다. 〈개정 2016. 11. 8., 2020. 8. 5., 2024. 5. 7.〉

1. 「국민기초생활 보장법」 제7조제1항제1호부터 제4호까지에 따른 급여의 수급자

2. 「국가유공자 등 예우 및 지원에 관한 법률」 제4조제1항에 따른 국가유공자

3. 「5·18민주유공자예우 및 단체설립에 관한 법률」 제4조에 따른 5·18민주유공자

4. 「장애인복지법」제32조에 따라 등록된 장애인

③ 삭제 〈2012. 4. 5.〉

제24조(수거확인증 등) ① 영 제69조제2항에 따른 수거확인증은 별지 제53호서식에 따른다.

② 영 제69조제2항 및 제3항에 따라 문화체육관광부장관이 불법복제물 등을 수거·폐기·삭제한 때에는 별지 제54호서식에 따른 수거대장, 별지 제55호서식에 따른 폐기대장 및 별지 제55호의2서식에 따른 삭제대장을 각각 작성하여 보관(전자적 방법에 의한 것을 포함한다)하여야 한다.

[전문개정 2009. 7. 24.]

제25조(권한표시 증표) 영 제70조제2항에 따른 권한표시 증표는 별지 제56호서식에 따른다.

제26조(삭제ㆍ전송중단 등의 명령서 등) ① 영 제72조의2, 제72조의3제2항 및 제72조의4제2항에 따른 삭제ㆍ전송중단 등의 명령서는 별지 제57호서식에 따른다.

② 영 제72조의5에 따른 조치결과 통보서는 별지 제57호의2서식에 따른다.

[전문개정 2009. 7. 24.]

제27조(장부의 작성보관) 문화체육관광부장관은 영 제72조의2부터 제72조의4까지의 규정에 따라 명령을 한 때에는 별지 제58호서식의 삭제ㆍ전송중단 등의 명령대장에 그 내용을 기록하여 이를 보관하여야 한다. 〈개정 2008. 3. 6., 2009. 7. 24.〉

제28조(저작재산권등 기증서약서) 영 제75조제1항에 따라 기증을 하려는 자는 별지 제59호서식에 따른 기증서약서에 기증저작물 등의 복제물과 자신이 해당 저작물 등의 저작재산권자임을 증명하는 서류를 첨부하여 제출하여야 한다.

제29조(기증저작재산권 등 관리대장) 영 제75조제2항에 따른 기증저작재산권 등의 관리대장은 별지 제60호서식에 따른다.

제30조(관리단체의 지정신청서 등) 영 제76조제2항에 따른 지정신청서는 별지 제61호서식에 따르며, 영 제76조제3항에 따른 지정서는 별지 제62호서식에 따른다.

제31조 삭제 〈2020. 6. 23.〉

부칙 〈제166호, 2007. 6. 29.〉

이 규칙은 공포한 날부터 시행한다.

부칙 〈제1호, 2008. 3. 6.〉 (문화체육관광부와 그 소속기관 직제 시행규칙)

제1조(시행일) 이 규칙은 공포한 날부터 시행한다.

제2조 생략

제3조(다른 법령의 개정) ① 부터 ⑲ 까지 생략

⑳ 저작권법 시행규칙 일부를 다음과 같이 개정한다.

제4조 각 호 외의 부분, 제20조제1항 각 호 외의 부분·제2항 각 호 외의 부분, 제24조 후단, 제27조 중 "문화관광부장관"을 각각 "문화체육관광부장관"으로 한다.

제2조 중 "문화관광부령"을 "문화체육관광부령"으로 한다.

제5조 각 호 외의 부분 중 "문화관광부"를 "문화체육관광부"로 한다.

별지 제36호서식 앞쪽, 별지 제48호서식 앞쪽, 별지 제51호서식, 별지 제56호서식, 별지 제61호서식 앞쪽 중 "문화관광부장관"을 각각 "문화체육관광부장관"으로 한다.

별지 제36호서식 뒤쪽, 별지 제46호서식, 별지 제48호서식 뒤쪽, 별지 제51호서식, 별지 제56호서식, 별지 제61호서식 뒤쪽 중 "문화관광부"를 각각 "문화체육관광부"로 한다.

㉑ 부터 ㉔ 까지 생략

부칙 〈제37호, 2009. 7. 24.〉

제1조(시행일) 이 규칙은 공포한 날부터 시행한다.

제2조(다른 법령의 폐지) 컴퓨터프로그램 보호법 시행규칙은 폐지한다.

제3조(다른 법령과의 관계) 이 규칙 시행 당시 다른 법령에서 종전의 「컴퓨터프로그램 보호법 시행규칙」 또는 그 규정을 인용하고 있는 경우에는 이 규칙 또는 이 규칙의 해당 규정을 인용한 것으로 본다.

부칙 〈제96호, 2011. 12. 2.〉

이 규칙은 「대한민국과 미합중국 간의 자유무역협정」이 발효하는 날부터 시행한다.

부칙 〈제112호, 2012. 4. 5.〉

제1조(시행일) 이 규칙은 공포한 날부터 시행한다.

제2조(수수료에 관한 적용례) 별표 제4호부터 제7호까지의 개정규정은 이 규칙 시행 후 최초로 신청 또는 신고하는 경우부터 적용한다.

제3조(수수료에 관한 경과조치) 이 규칙 시행 당시 종전의 규정에 따라 저작권신탁관리업자에게 권리를 신탁한 저작자가 법 제53조(법 제90조 및 제98조에서 준용하는 경우를 포함한다)에 따른 저작권등록을 신청한 경우 및 저작권신탁관리업자가 법 제54조(법 제90조 및 제98조에서 준용하는 경우를 포함한다)에 따른 권리변동 등의 등록을 신청한 경우의 수수료에 관하여는 제23조제3항, 별표 제2호·제3호 및 같은 표 비고 나목의 개정규정에도 불구하고 종전의 규정에 따른다.

부칙 〈제134호, 2012. 10. 18.〉

이 규칙은 공포한 날부터 시행한다.

부칙 〈제235호, 2015. 12. 30.〉 (규제 재검토기한 설정을 위한 경륜·경정법 시행규칙 등 일부개정령)

이 규칙은 공포한 날부터 시행한다.

부칙 〈제274호, 2016. 11. 8.〉

제1조(시행일) 이 규칙은 공포한 날부터 시행한다.

제2조(수수료에 관한 적용례) 제23조제2항, 별표 제2호 및 제3호의 개정규정은 이 규칙 시행 이후 등록을 신청하는 경우부터 적용한다.

제3조(서식에 관한 경과조치) ① 이 규칙 시행 당시 종전의 규정에 따른 서식은 이 규칙 시행 이후 3개월까지는 이 규칙에 따른 서식과 함께 사용할 수 있다.

② 이 규칙 시행 당시 종전의 별지 제25호서식, 별지 제27호서식, 별지 제28호서식, 별지 제29호서식, 별지 제30호서식 및 별지 제31호서식에 따라 발급된 등록증은 각각 이 규칙에 따라 발급된 것으로 본다.

③ 이 규칙 시행 당시 종전의 별지 제25호의2서식 및 별지 제29호의2서식에 따라 발급된 등록증은 각각 이 규칙 별지 제25호서식 및 별지 제29호서식에 따라 발급된 것으로 본다.

부칙 〈제390호, 2020. 5. 27.〉

이 규칙은 2020년 5월 27일부터 시행한다.

부칙 〈제397호, 2020. 6. 23.〉 (규제 재검토기한 설정 해제 등을 위한 7개 문화체육관광부령의 일부개정에 관한 문화체육관광부령)

이 규칙은 공포한 날부터 시행한다.

부칙 〈제399호, 2020. 8. 5.〉

이 규칙은 2020년 8월 5일부터 시행한다.

부칙 〈제448호, 2021. 7. 15.〉 (어려운 법령용어 정비를 위한 2개 법령의 일부개정에 관한 문화체육관광부령)

이 규칙은 공포한 날부터 시행한다.

부칙 〈제515호, 2023. 6. 13.〉

제1조(시행일) 이 규칙은 공포 후 3개월이 경과한 날부터 시행한다.

제2조(변경등록 등 신청서의 첨부서류에 관한 경과조치) 이 규칙 시행 전에 법 제55조의3제1항에 따라 등록사항의 변경·경정·말소등록 또는 말소한 등록의 회복등록을 신청한 경우에는 제9조제1항제1호의 개정규정에도 불구하고 종전의 규정에 따른다.

부칙 〈제524호, 2023. 9. 26.〉

제1조(시행일) 이 규칙은 공포 후 3개월이 경과한 날부터 시행한다.

제2조(수수료 할인에 관한 적용례) 별표 비고 다목의 개정규정은 이 규칙 시행 이후 법 제54조(법 제90조 및 제98조에서 준용하는 경우를 포함한다)에 따른 등록신청을 하는 경우부터 적용한다.

부칙 〈제546호, 2024. 5. 7.〉

제1조(시행일) 이 규칙은 2024년 5월 7일부터 시행한다.
제2조(일부분씩 순차적으로 공표하여 완성하는 저작물의 등록신청 수수료에 관한 적용례) 별표 비고 라목의 개정규정은 이 규칙 시행 전에 법 제53조(법 제90조 및 제98조에서 준용하는 경우를 포함한다)에 따라 일부분씩 순차적으로 공표하여 완성하는 저작물의 등록을 한 자가 이 규칙 시행 이후에 순차적으로 해당 저작물을 등록신청하는 경우에도 적용한다.
제3조(저작권 등의 등록신청 수수료에 관한 경과조치) 이 규칙 시행 전에 법 제53조 및 제54조(법 제90조 및 제98조에서 준용하는 경우를 포함한다)에 따라 저작권 등의 등록을 신청한 경우의 등록신청 수수료에 관하여는 제23조제2항 본문의 개정규정에도 불구하고 종전의 규정에 따른다.
제4조(저작권 등의 등록신청 처리기간에 관한 경과조치) 이 규칙 시행 전에 법 제53조(법 제90조 및 제98조에서 준용하는 경우를 포함한다) 또는 법 제54조(법 제90조 및 제98조에서 준용하는 경우를 포함한다)에 따른 등록신청을 한 경우에는 별지 제3호서식, 제3호의2서식, 제5호서식, 제5호의2서식, 제7호서식, 제11호서식, 제13호서식 및 제17호서식의 처리기간에 관한 개정규정에도 불구하고 종전의 규정에 따른다.

별표 / 서식

[별표] 수수료 금액(제23조 관련)

[별지 제1호서식] 정보 조회 요청서

[별지 제1호의2서식] 저작물 이용 중단 요구서

[별지 제1호의3서식] 보상금 결정 신청서

[별지 제1호의4서식] (저작물, 실연, 음반, 방송, 데이터베이스)이용 승인신청서

[별지 제2호서식] (저작물, 실연, 음반, 방송, 데이터베이스)이용 승인신청명세서

[별지 제2호의2서식] 보상금 청구서

[별지 제3호서식] 저작권등록신청서
[별지 제3호의2서식] 프로그램등록신청서
[별지 제4호서식] 저작권등록신청명세서
[별지 제4호의2서식] 프로그램등록신청명세서
[별지 제5호서식] [저작재산권, 배타적발행권, 출판권(설정, 양도, 처분제한, 질권설정 등)]등록신청서
[별지 제5호의2서식] 프로그램[저작재산권, 배타적발행권(설정, 양도, 처분제한, 질권설정 등)]등록신청서
[별지 제6호서식] (저작재산권, 배타적발행권, 출판권)(설정, 변동) 등록신청명세서
[별지 제7호서식] 저작인접권 등록신청서
[별지 제8호서식] 저작인접권(실연) 등록신청명세서
[별지 제9호서식] 저작인접권(음반) 등록신청명세서
[별지 제10호서식] 저작인접권[방송]등록신청명세서
[별지 제11호서식] 데이터베이스제작자권리 등록신청서
[별지 제12호서식] 데이터베이스제작자권리 등록신청명세서
[별지 제13호서식] [저작인접권, 저작인접권의 배타적발행권(설정, 양도, 처분제한, 질권설정 등)]등록신청서
[별지 제14호서식] (저작인접권(실연), 저작인접권(실연)의 배타적발행권)(설정, 변동) 등록신청명세서
[별지 제15호서식] (저작인접권(음반), 저작인접권(음반)의 배타적발행권)(설정, 변동) 등록신청명세서
[별지 제16호서식] 저작인접권(방송) 변동등록신청명세서
[별지 제17호서식] [데이터베이스제작자권리, 데이터베이스제작자의 권리의 배타적발행권(설정, 양도, 처분제한, 질권설정 등)] 등록신청서
[별지 제18호서식] (데이터베이스제작자권리, 데이터베이스제작자의 권리의배타적발행권)(설정, 변동) 등록신청명세서
[별지 제19호서식] [공동저작자·공동저작인접권자·공동데이터베이스제작자·공동상속인·공동등록권리자·공동등록의무자]목록
[별지 제20호서식] 저작물·저작인접물·데이터베이스목록

[별지 제20호의2서식] (등록, 변경, 경정, 말소등록, 말소등록의 회복등록) 신청 반려에 대한 이의신청서
[별지 제21호서식] 저작권등록부
[별지 제21호의2서식] 프로그램등록부
[별지 제22호서식] 삭제 〈2011.12.2〉
[별지 제23호서식] 저작인접권등록부
[별지 제24호서식] 데이터베이스제작자권리등록부
[별지 제24호의2서식] 등록부(열람, 사본발급)신청서
[별지 제25호서식] 저작권 등록증
[별지 제25호의2서식] CERTIFICATE OF COPYRIGHT REGISTRATION
[별지 제26호서식] 삭제 〈2011.12.2〉
[별지 제27호서식] 저작인접권 등록증
[별지 제27호의2서식] CERTIFICATE OF NEIGHBORING RIGHT REGISTRATION
[별지 제28호서식] 데이터베이스제작자권리 등록증
[별지 제28호의2서식] CERTIFICATE OF DATABASE PRODUCER'S RIGHT REGISTRATION
[별지 제29호서식] 저작권 권리변동 등록증
[별지 제29호의2서식] CERTIFICATE OF COPYRIGHT TRANSFER REGISTRATION
[별지 제30호서식] 저작인접권 권리변동 등록증
[별지 제30호의2서식] CERTIFICATE OF NEIGHBORING RIGHT TRANSFER REGISTRATION
[별지 제31호서식] 데이터베이스제작자 권리변동 등록증
[별지 제31호의2서식] CERTIFICATE OF DATABASE PRODUCER'S RIGHT TRANSFER REGISTRATION
[별지 제32호서식] (국문, 영문)등록증 재발급 신청서
[별지 제32호의2서식] 영문등록증 신청서
[별지 제33호서식] 등록부 등록사항(변경, 경정, 말소, 말소회복)등

록신청서

[별지 제33호의2서식] 삭제 〈2011.12.2〉

[별지 제34호서식] 등록신청취하서

[별지 제35호서식] [별지 제24호의2서식]으로 이동 〈2020. 8. 5.〉

[별지 제35호의2서식] 삭제 〈2011.12.2〉

[별지 제36호서식] 인증기관지정신청서

[별지 제37호서식] 인증기관 지정서

[별지 제38호서식] 권리인증신청서

[별지 제38호의2서식] 이용허락인증신청서

[별지 제39호서식] 권리인증서

[별지 제39호의2서식] 이용허락인증서

[별지 제40호서식] 복제 · 전송 중단 요청서

[별지 제41호서식] 복제·전송중단통보서[복제·전송자]

[별지 제42호서식] 복제·전송중단통보서[권리주장자]

[별지 제43호서식] 복제 · 전송 재개 요청서

[별지 제44호서식] 복제·전송재개통보서

[별지 제44호의2서식] 정보 제공 청구서

[별지 제44호의3서식] 정보 제공 명령서

[별지 제44호의4서식] 정보 제공서

[별지 제45호서식] 특수한 유형의 온라인서비스제공자에 대한 기술조치 등 요청서

[별지 제46호서식] 저작권신탁관리업 (허가, 변경허가)신청서

[별지 제47호서식] 저작권신탁관리업 허가증

[별지 제48호서식] 저작권대리중개업 신고서

[별지 제49호서식] 저작권대리중개업 신고증

[별지 제50호서식] 저작권대리중개업 변경신고서

[별지 제51호서식] 과징금 납입 고지서

[별지 제52호서식] 과징금 부과 · 징수 대장

[별지 제53호서식] 불법 복제물 등 수거확인증

[별지 제54호서식] 불법복제물등수거대장

[별지 제55호서식] 불법 복제물 등 폐기대장
[별지 제55호의2서식] 불법 복제물 등 삭제대장
[별지 제56호서식] 불법복제물 단속 요원증
[별지 제57호서식] [□경고 또는 삭제·전송중단 □계정 정지 □게시판 서비스 정지]명령서
[별지 제57호의2서식] 조치결과 통보서
[별지 제58호서식] 삭 제·전송중단 등의 명령대장
[별지 제59호서식] 저작재산권 등 기증서약서
[별지 제60호서식] 기증저작재산권등관리대장
[별지 제61호서식] 기증저작재산권 등 관리단체 지정신청서
[별지 제62호서식] 기증저작재산권 등 관리단체지정서

대한민국 법령 시리즈 202

저작권법

법 령 / 시 행 령 / 시 행 규 칙

2025년 2월 17일 인쇄 정가 21,000원
2025년 2월 27일 발행

편 저 편집부
디 자 인 송영미
발 행 인 조준형 http://www.hgbookpub.com
발 행 처 해광출판사 E-mail : munbookcokr@naver.com
주 소 부산광역시 중구 해관로 41-1 (중앙동2가)
전화번호 (051) 253-0001 팩스 (051) 245-1187
등 록 제 2012-000005호

해광출판사에서는 여러분의 소중한 원고와 함께 할 기회를 기다리고 있습니다. 책으로 엮을 원고나 아이디어가 있으신 분들은 이메일 munbookcokr@naver.com로 책에 대한 간단한 개요와 원고 전체 또는 일부를 연락처와 함께 보내주십시오.

ISBN 979-11-6881-782-1

※ 법령 출처 : 법제처 국가법령정보센터
※ 본 도서는 〈공공데이터 제공 및 이용 활성화에 관한 법률〉을 근거로 출판되었습니다.

해광출판사 대한민국 법령 시리즈

001. 선원법
002. 어선법
003. 선박직원법
004. 해사안전기본법
005. 해양환경관리법
006. 선박의 입항 및 출항등에 관한 법률
007. 학교안전사고예방 및 보상에 관한 법률
008. 종합부동산세법
009. 방위사업법
010. 행정규제기본법
011. 식품산업진흥법
012. 위험물안전관리법
013. 화재의 예방 및 안전관리에 관한 법률
014. 도시가스사업법
015. 실내공기질관리법
016. 지방세법
017. 소득세법
018. 법인세법
019. 도선법
020. 선박안전법
021. 선박법
022. 수산업법
023. 고압가스안전관리법
024. 국민연금법
025. 공동주택관리법
026. 화학물질관리법
027. 어선원 및 어선 재해보상보험법
028. 장기등 이식에 관한 법률
029. 자연재해대책법
030. 공유재산 및 물품 관리법
031. 산업입지 및 개발에 관한 법률
032. 부정경쟁방지 및 영업비밀보호에 관한 법률
033. 금융지주회사법
034. 온실가스 배출권의 할당 및 거래에 관한 법률
035. 건축사법
036. 산림문화휴양에 관한 법률
037. 전기사업법
038. 사립학교법
039. 고등교육법
040. 액화석유가스의 안전관리 및 사업법
041. 선박투자회사법
042. 수산자원관리법
043. 위험물선박운송및저장규칙
044. 선박평형수관리법
045. 주택임대차보호법
046. 상가건물임대차보호법
047. 지방공기업법
048. 승강기안전관리법
049. 수목원·정원의 조성 및 진흥에 관한 법률
050. 민법
051. 치료감호 등에 관한 법률
052. 대부업 등의 등록 및 금융이용자 보호에 관한 법률
053. 사료관리법
054. 무형문화재 보전 및 진흥에 관한 법률
055. 총포·도검·화약류 등의 안전관리에 관한 법률
056. 경찰관직무집행법
057. 시설물의 안전 및 유지관리에 관한 특별법
058. 수산생물질병 관리법
059. 소비자기본법
060. 국제선박등록법
061. 정보통신망 이용촉진 및 정보보호 등에 관한 법률
062. 해운법
063. 농수산물 품질관리법
064. 수산업협동조합법
065. 해외건설촉진법
066. 수상레저안전법
067. 공무원재해보상법
068. 수상에서의 수색·구조 등에 관한 법률
069. 어촌어항법
070. 항만법
071. 항만운송사업법
072. 해양경비법
073. 해양사고의 조사 및 심판에 관한 법률
074. 외국인근로자의 고용 등에 관한 법률
075. 중소기업기본법
076. 자유무역지역의 지정 및 운영에 관한 법률
077. 대기환경보전법
078. 소음진동관리법
079. 폐기물관리법
080. 하수도법
081. 물환경보전법
082. 토양환경보전법
083. 환경정책기본법
084. 산업재해보상보험법
085. 관세법
086. 노동조합 및 노동관계조정법
087. 근로기준법
088. 군인연금법
089. 먹는물관리법
090. 기술보증기금법
091. 관광진흥법
092. 감염병의 예방 및 관리에 관한 법률
093. 사법경찰관리의 직무를 수행할 자와 그 직무범위에 관한 법률
094. 수의사법
095. 가정폭력방지 및 피해자보호 등에 관한 법률
096. 환경영향평가법
097. 체육시설의 설치 · 이용에 관한 법률
098. 장사 등에 관한 법률
099. 상호저축은행법
100. 은행법
101. 보호관찰 등에 관한 법률
102. 형법
103. 자동차관리법
104. 형사소송법
105. 전자금융거래법
106. 마약류 불법거래 방지에 관한 특례법
107. 도로법
108. 주세법
109. 변리사법
110. 하천법
111. 중소기업진흥에 관한 법률
112. 발달장애인 권리보장 및 지원에 관한 법률
113. 주택법
114. 장애인복지법
115. 농어업경영체 육성 및 지원에 관한 법률
116. 공인중개사법
117. 건강기능식품에 관한 법률
118. 예비군법
119. 개발제한구역의 지정 및 관리에 관한 특별조치법
120. 국유재산법
121. 주차장법
122. 환경기술 및 환경산업 지원법
123. 대기관리권역의 대기환경개선에 관한 특별법
124. 악취방지법
125. 미세먼지 저감 및 관리에 관한 특별법
126. 가축분뇨의 관리 및 이용에 관한 법률
127. 물의 재이용 촉진 및 지원에 관한 법률
128. 물관리기본법
129. 물관리기술 발전 및 물산업 진흥에 관한 법률
130. 자원의 절약과 재활용촉진에 관한 법률
131. 전기 · 전자제품 및 자동차의 자원순환에 관한 법률
132. 건설폐기물의 재활용촉진에 관한 법률
133. 수도권매립지관리공사의 설립 및 운영 등에 관한 법률
134. 폐기물의 국가 간 이동 및 그 처리에 관한 법률
135. 폐기물처리시설 설치촉진 및 주변지역지원 등에 관한 법률
136. 자원순환기본법
137. 잔류성오염물질 관리법
138. 환경분쟁 조정법

해광출판사 대한민국 법령 시리즈

139. 화학물질의 등록 및 평가 등에 관한 법률
140. 환경오염시설의 통합관리에 관한 법률
141. 환경오염피해 배상책임 및 구제에 관한 법률
142. 중소기업제품 구매촉진 및 판로지원에 관한 법률
143. 환경개선비용 부담법
144. 환경분야 시험·검사 등에 관한 법률
145. 환경친화적 산업구조로의 전환촉진에 관한 법률
146. 환경친화적 자동차의 개발 및 보급 촉진에 관한 법률
147. 환경범죄 등의 단속 및 가중처벌에 관한 법률
148. 생명윤리 및 안전에 관한 법률
149. 장애인차별금지 및 권리구제 등에 관한 법률
150. 부동산투자회사법
151. 정치자금법
152. 과학기술기본법
153. 대리점거래의 공정화에 관한 법률
154. 상속세 및 증여세법
155. 학원의 설립 · 운영 및 과외교습에 관한 법률
156. 해양심층수의 개발 및 관리에 관한 법률
157. 전기용품 및 생활용품 안전관리법
158. 사회기반시설에 대한 민간투자법
159. 공직선거법
160. 정당법
161. 유류오염손해배상 보장법
162. 부정청탁 및 금품등 수수의 금지에 관한 법률
163. 항로표지법
164. 어장관리법
165. 민방위기본법
166. 공직자윤리법
167. 선거관리위원회법
168. 유선 및 도선 사업법
169. 전기공사업법
170. 사회복지사업법
171. 택지개발촉진법
172. 국가공무원법
173. 민간임대주택에 관한 특별법
174. 어음법·수표법
175. 민사집행법
176. 상법
177. 문화예술진흥법
178. 중소기업협동조합법
179. 농업협동조합법
180. 도로교통법
181. 의료사고 피해구제 및 의료분쟁 조정 등에 관한 법률
182. 산림보호법
183. 소년법
184. 동물보호법
185. 건축물관리법
186. 도시개발법
187. 화물자동차 운수사업법
188. 도시 및 주거환경정비법
189. 의료법
190. 국회법
191. 응급의료에 관한 법률
192. 출입국관리법
193. 노인복지법
194. 산림자원의 조성 및 관리에 관한 법률
195. 청소년 보호법
196. 초 · 중등교육법
197. 혁신도시 조성 및 발전에 관한 특별법
198. 경제자유구역의 지정 및 운영에 관한 특별법
199. 공공기관의 운영에 관한 법률
200. 대한민국헌법
201. 국민기초생활 보장법
202. 저작권법
203. 가사소송법
204. 국가유공자 등 예우 및 지원에 관한 법률
205. 국민체육진흥법
206. 전통주 등의 산업진흥에 관한 법률
207. 재난 및 안전관리 기본법
208. 정보통신공사업법
209. 주식회사 등의 외부감사에 관한 법률
210. 공익사업을 위한 토지 등의 취득 및 보상에 관한 법률
211. 개인정보 보호법
212. 국세기본법
213. 에너지이용 합리화법
214. 감정평가 및 감정평가사에 관한 법률
215. 국가인권위원회법
216. 가맹사업거래의 공정화에 관한 법률
217. 보건의료기본법
218. 산업안전보건법
219. 법무사법
220. 교육공무원법
221. 특허법
222. 민사소송법
223. 아동복지법
224. 전파법
225. 하도급거래 공정화에 관한 법률
226. 기초연금법
227. 사립학교교직원 연금법
228. 직업안정법
229. 장애아동 복지지원법
230. 부동산등기법
231. 자동차손해배상 보장법
232. 철도안전법
233. 항공안전법
234. 전자상거래 등에서의 소비자보호에 관한 법률
235. 독점규제 및 공정거래에 관한 법률
236. 상표법
237. 채무자 회생 및 파산에 관한 법률
238. 공무원연금법
239. 축산법
240. 근로복지기본법
241. 민원 처리에 관한 법률
242. 약사법
243. 방문판매 등에 관한 법률
244. 건축기본법
245. 지방세기본법
246. 지방세징수법
247. 지방자치법
248. 도시교통정비 촉진법
249. 공공주택 특별법
250. 국세징수법
251. 공인노무사법
252. 중대재해 처벌 등에 관한 법률
253. 외무공무원법
254. 소방시설공사업법
255. 검역법
256. 공중위생관리법
257. 할부거래에 관한 법률
258. 인터넷 멀티미디어 방송사업법
259. 전기통신사업법
260. 제품안전기본법
261. 철도사업법
262. 어린이제품 안전 특별법
263. 영유아보육법
264. 원자력안전법
265. 보험업법
266. 경비업법
267. 교통안전법
268. 세무사법
269. 관세사법
270. 공인회계사법
271. 지방공무원법
272. 고용정책 기본법
273. 국가경찰과 자치경찰의 조직 및 운영에 관한 법률
274. 협동조합 기본법
275. 재해구호법
276. 환경보건법

해광출판사 대한민국 법령 시리즈

277. 자살예방 및 생명존중문화 조성을 위한 법률
278. 소방산업의 진흥에 관한 법률
279. 소방기본법
280. 비송사건절차법
281. 자연환경보전법
282. 변호사법
283. 기업구조조정투자회사법
284. 전기통신기본법
285. 에너지법
286. 해양생태계의 보전 및 관리에 관한 법률
287. 사회보장기본법
288. 통신비밀보호법
289. 공증인법
290. 물류시설의 개발 및 운영에 관한 법률
291. 청소년활동 진흥법
292. 형의 집행 및 수용자의 처우에 관한 법률
293. 도시공원 및 녹지 등에 관한 법률
294. 태권도 진흥 및 태권도공원 조성 등에 관한 법률
295. 녹색건축물 조성 지원법
296. 우편법
297. 예금자보호법
298. 건설산업기본법
299. 금융회사의 지배구조에 관한 법률
300. 장애인활동 지원에 관한 법률
301. 언론중재 및 피해구제 등에 관한 법률
302. 국가재정법
303. 농지법
304. 게임산업진흥에 관한 법률
305. 정신건강증진 및 정신질환자 복지서비스 지원에 관한 법률
306. 디자인보호법
307. 의료기사 등에 관한 법률
308. 스마트도시 조성 및 산업진흥 등에 관한 법률
309. 내수면어업법
310. 한국주택금융공사법
311. 의료기기법
312. 유통산업발전법
313. 전통시장 및 상점가 육성을 위한 특별법
314. 여신전문금융업법
315. 해외자원개발 사업법
316. 산업교육진흥 및 산학연협력촉진에 관한 법률
317. 빈집 및 소규모주택 정비에 관한 특례법
318. 기업도시개발 특별법
319. 전력기술관리법
320. 국토기본법
321. 지하수법
322. 식품위생법
323. 광업법
324. 호스피스·완화의료 및 임종과정에 있는 환자의 연명의료결정에 관한 법률
325. 주식·사채 등의 전자등록에 관한 법률
326. 표시·광고의 공정화에 관한 법률
327. 골재채취법
328. 국민건강증진법
329. 새마을금고법
330. 여객자동차 운수사업법
331. 마리나항만의 조성 및 관리 등에 관한 법률
332. 한부모가족지원법
333. 국가를 당사자로 하는 계약에 관한 법률
334. 지방자치단체를 당사자로 하는 계약에 관한 법률
335. 축산물 위생관리법
336. 병역법
337. 음악산업진흥에 관한 법률
338. 국가균형발전 특별법
339. 첨단재생의료 및 첨단바이오의약품 안전 및 지원에 관한 법률
340. 공간정보의 구축 및 관리 등에 관한 법률
341. 공유수면 관리 및 매립에 관한 법률
342. 농수산물 유통 및 가격안정에 관한 법률
343. 아시아문화중심도시 조성에 관한 특별법
344. 신탁법
345. 자연공원법
346. 생활화학제품 및 살생물제의 안전관리에 관한 법률
347. 군인사법
348. 국제조세조정에 관한 법률
349. 낙동강수계 물관리 및 주민지원 등에 관한 법률
350. 주민등록법
351. 집합건물의 소유 및 관리에 관한 법률
352. 집단에너지사업법
353. 산림조합법
354. 반도체집적회로의 배치설계에 관한 법률
355. 자본시장과 금융투자업에 관한 법률
356. 담보부사채신탁법
357. 근로자퇴직급여 보장법
358. 국제과학비즈니스벨트 조성 및 지원에 관한 특별법
359. 수도법
360. 식품 등의 표시·광고에 관한 법률
361. 약관의 규제에 관한 법률
362. 인삼산업법
363. 종자산업법
364. 항공사업법
365. 건설기계관리법
366. 군형법
367. 궤도운송법
368. 기술의 이전 및 사업화 촉진에 관한 법률
369. 농수산물의 원산지 표시 등에 관한 법률
370. 담배사업법
371. 석유 및 석유대체연료 사업법
372. 가축전염병 예방법
373. 농어촌정비법
374. 식물신품종 보호법
375. 항공보안법
376. 중소기업창업 지원법
377. 군사법원법
378. 우주개발 진흥법
379. 해저광물자원 개발법
380. 산림복지 진흥에 관한 법률
381. 지능형 로봇 개발 및 보급 촉진법
382. 헌법재판소법
383. 옥외광고물 등의 관리와 옥외광고산업 진흥에 관한 법률
384. 혈액관리법
385. 국제항해선박 등에 대한 해적행위 피해예방에 관한 법률
386. 유료도로법
387. 독립유공자예우에 관한 법률
388. 신에너지 및 재생에너지 개발·이용·보급 촉진법
389. 신용정보의 이용 및 보호에 관한 법률
390. 출판문화산업 진흥법
391. 공항시설법
392. 국민 평생 직업능력 개발법
393. 아동·청소년의 성보호에 관한 법률
394. 방송법쉬
395. 신용보증기금법
396. 화장품법
397. 청소년 기본법
398. 인터넷주소자원에 관한 법률
399. 양곡관리법
400. 도로명주소법
401. 전자문서 및 전자거래 기본법
402. 산업기술의 유출방지 및 보호에 관한 법률
403. 국가기술자격법
404. 양식산업발전법
405. 산업기술혁신 촉진법
406. 새만금사업 추진 및 지원에 관한 특별법
407. 전자정부법
408. 지역 개발 및 지원에 관한 법률
409. 한국농어촌공사 및 농지관리기금법
410. 계량에 관한 법률
411. 기업활동 규제완화에 관한 특별조치법
412. 군에서의 형의 집행 및 군수용자의 처우에 관한 법률

해광출판사 대한민국 법령 시리즈

413. 규제자유특구 및 지역특화발전특구에 관한 규제특례법
414. 금융위원회의 설치 등에 관한 법률
415. 남녀고용평등과 일·가정 양립 지원에 관한 법률
416. 농어업인 삶의 질 향상 및 농어촌지역 개발촉진에 관한 특별법
417. 댐건설·관리 및 주변지역지원 등에 관한 법률
418. 국가유산수리 등에 관한 법률
419. 법원조직법
420. 보훈보상대상자 지원에 관한 법률
421. 부패방지 및 국민권익위원회의 설치와 운영에 관한 법률
422. 과학기술분야 정부출연연구기관 등의 설립·운영 및 육성에 관한 법률
423. 연구개발특구의 육성에 관한 특별법
424. 친환경농어업 육성 및 유기식품 등의 관리·지원에 관한 법률
425. 연안관리법
426. 영화 및 비디오물의 진흥에 관한 법률
427. 신용협동조합법
428. 방송통신발전 기본법
429. 범죄피해자 보호법
430. 가축 및 축산물 이력관리에 관한 법률
431. 국가표준기본법
432. 국가통합교통체계효율화법
433. 범죄인 인도법
434. 국가과학기술 경쟁력 강화를 위한 이공계지원 특별법
435. 국제경기대회 지원법
436. 금융혁신지원 특별법
437. 수자원의 조사·계획 및 관리에 관한 법률
438. 축산자조금의 조성 및 운용에 관한 법률
439. 소방시설 설치 및 관리에 관한 법률
440. 양성평등기본법
441. 축산계열화사업에 관한 법률
442. 수입식품안전관리 특별법
443. 대외무역법
444. 국가연구개발사업 등의 성과평가 및 성과관리에 관한 법률
445. 무역보험법
446. 기술사법
447. 광산안전법
448. 농약관리법
449. 농업·농촌 및 식품산업 기본법
450. 문화산업진흥 기본법
451. 부담금관리 기본법
452. 야생생물 보호 및 관리에 관한 법률
453. 한국은행법
454. 별정우체국법
455. 원양산업발전법
456. 콘텐츠산업 진흥법
457. 한국수출입은행법
458. 외국인투자 촉진법
459. 물류정책기본법
460. 전자서명법
461. 산업발전법
462. 산업표준화법
463. 소프트웨어 진흥법
464. 토지이용규제 기본법
465. 해수욕장의 이용 및 관리에 관한 법률
466. 정보통신 진흥 및 융합 활성화 등에 관한 특별법
467. 정보통신산업 진흥법
468. 지진·화산재해대책법
469. 소금산업진흥법
470. 위치정보의 보호 및 이용 등에 관한 법률
471. 외국법자문사법
472. 이러닝(전자학습)산업 발전 및 이러닝 활용 촉진에 관한 법률
473. 암관리법
474. 실용신안법
475. 가족관계의 등록 등에 관한 법률
476. 무인도서의 보전 및 관리에 관한 법률
477. 감사원법
478. 정보보호산업의 진흥에 관한 법률
479. 결혼중개업의 관리에 관한 법률
480. 공익신고자 보호법
481. 박물관 및 미술관 진흥법
482. 낚시 관리 및 육성법
483. 동산·채권 등의 담보에 관한 법률
484. 임금채권보장법
485. 국민투표법
486. 농림수산업자 신용보증법
487. 국가채권 관리법
488. 중소기업은행법
489. 식품안전기본법
490. 외국환거래법
491. 발명진흥법
492. 건설기술 진흥법
493. 기후위기 대응을 위한 탄소중립·녹색성장 기본법
494. 인체조직안전 및 관리 등에 관한 법률
495. 엔지니어링산업 진흥법
496. 신문 등의 진흥에 관한 법률
497. 식물방역법
498. 석탄산업법
499. 산업융합 촉진법
500. 비료관리법
501. 임업 및 산촌 진흥촉진에 관한 법률
502. 복권 및 복권기금법
503. 대규모유통업에서의 거래 공정화에 관한 법률
504. 뉴스통신 진흥에 관한 법률
505. 지능정보화 기본법
506. 자격기본법
507. 중소기업 기술혁신 촉진법
508. 국가공간정보 기본법
509. 농어업재해대책법
510. 방송광고판매대행 등에 관한 법률
511. 지식재산 기본법
512. 초고층 및 지하연계 복합건축물 재난관리에 관한 특별법
513. 해양 조사와 해양정보 활용에 관한 법률
514. 공간정보산업 진흥법
515. 공공기관의 정보공개에 관한 법률
516. 행정기본법
517. 해상교통안전법
518. 농어업재해보험법
519. 문화유산의 보존 및 활용에 관한 법률
520. 자연유산의 보존 및 활용에 관한 법률
521. 국토의 계획 및 이용에 관한 법률
522. 건축법
523. 국민건강보험법
524. 계엄법
525. 환경친화적 선박의 개발 및 보급 촉진에 관한 법률
526. 해양폐기물 및 해양오염퇴적물 관리법
527. 연안사고 예방에 관한 법률

*** 해광출판사의 법령 시리즈는 계속 발행 됩니다.**
**** 각 도서의 개정판은 인쇄일을 기준으로 제작 되었습니다.**